Steffen Raßloff

Dresden

55 Highlights aus der **Geschichte**

Menschen, Orte und Ereignisse, die unsere Stadt bis heute prägen

SUTTON

Inhalt

Dresden
Elbflorenz mit vielen Highlights

Dresden eilt weltweit der Ruf einer Kulturmetropole voraus. Die Halbmillionenstadt im malerischen Elbtal zwischen Meißner Weinbergen und Sächsischer Schweiz gehört zu den deutschen Touristenmagneten. Zu verdanken hat sie dies vor allem dem sächsischen Kurfürsten und polnischen König August dem Starken. Er führte die barocke Prachtentfaltung seiner Residenz im frühen 18. Jahrhundert in ungeahnte Höhen. Sein Sohn Friedrich August II., mit dem der politische Abstieg Sachsens begann, folgte kulturell den Ambitionen des Vaters.

Johann Gottfried Herder prägte für das Dresden jenes Augusteischen Zeitalters den Beinamen „Deutsches Florenz", aus dem das vielzitierte Elbflorenz wurde. In der Tat muss Dresden einen Vergleich mit seiner toskanischen Partnerstadt nicht scheuen: Die Kunstsammlungen im Residenzschloss und in den großen Galerien stehen der Kulturstadt am Arno in nichts nach. Es sind italienische Kunstwerke, allen voran die Sixtinische Madonna Raffaels und die Stadtansichten Canalettos, die Dresdens Ruf mitbegründeten.

Die Residenzlandschaft erstreckt sich über den Großen Garten bis hin zu den Schlössern Pillnitz und Moritzburg sowie zur Festung Königstein. Wichtige Grundsteine legten die Kurfürsten Moritz und August im 16. Jahrhundert, denen Barockfürsten wie Johann Georg II. und Johann Georg III. folgten. Bis zum Ende der Monarchie 1918 blieb die Residenz ein Hort der Kultur, verbunden mit großen Namen wie Heinrich Schütz, Carl Maria von Weber, Richard Wagner, Caspar David Friedrich und Gottfried Semper. Später rückte Dresden mit den Brücke-Malern und dem Ausdruckstanz Gret Paluccas in den Fokus der Moderne. In die Literaturgeschichte ging es mit Karl May und Erich Kästner ein.

Bevor sich das 1206 erstmals erwähnte „Dresdene" nicht zuletzt dank des Silberreichtums des nahen Erzgebirges zu diesen Höhen aufschwang, stand es allerdings lange im Schatten von Städten wie Meißen und Freiberg. Zur Stadt am wichtigen Elbübergang entwickelte sich das ursprünglich slawische Dreždany im 13. Jahrhundert. Zwei Jahrhunderte später folgte der Aufstieg zum Herrschaftssitz der Herzöge, Kurfürsten und Könige von Sachsen. Hiervon kündet der Fürstenzug am Schloss. Seither fungiert Dresden, nur mit kurzer Unterbrechung in der DDR, als Hauptstadt Sachsens.

Vom augusteischen Herrschaftssitz trennt das heutige Dresden die Entwicklung zur modernen Industriegroßstadt, die Anfang des 20. Jahrhunderts zu den größten Städten Deutschlands zählte. Wichtige Impulse setzte die Eisenbahn, deren erste Fernstrecke 1839 von Leipzig nach Dresden führte. Aus dem Technikum entwickelte sich mit der TU Dresden eine der deutschen Elite-Universitäten. Optik, Elektronik und Genussmittelindustrie genossen überregionalen Ruf, wichtige Innovationen wie Kaffeefilter, Zahnpasta, Mundwasser und Kondensmilch sind „Made in Dresden". Die Garnisonstadt spiegelt sich im Militärhistorischen Museum der Bundeswehr,

Das Panorama des Elbflorenz genießt weltweite Bekanntheit.

das Verkehrsmuseum erinnert an den einstigen Flugzeugbau.

Die moderne Metropole konnte ihren Charakter als Residenz- und Kulturstadt mit ausgedehnten Villenvierteln wie dem Weißen Hirsch lange bewahren. Die tiefste Zäsur der Stadtgeschichte bilden die verheerenden Luftangriffe vom Februar 1945. Dresden wurde geradezu zur Chiffre für das Grauen des Luftkrieges. Die Bomben und der Wiederaufbau zerstörten einen großen Teil der Kulturdenkmale und gewachsenen Strukturen. Der DDR-Städtebau veränderte das Stadtbild nachhaltig.

Nach 1989 setzte jedoch eine einzigartige Renaissance ein, die das Elbflorenz mit seinem rekonstruierten Zentrum um Schloss und Frauenkirche wieder erlebbar macht. Schlaglichter auf diese bewegte Geschichte wirft das Stadtmuseum Dresden im prächtigen Landhaus. Zur Anziehungskraft tragen Kulturangebote vom Dixilandfestival bis zum Striezelmarkt ebenso bei wie die lebendige Fußballtradition. Bei alledem wäre Dresden ohne seine kulinarischen Highlights wie Sauerbraten, Eierschecke und Christstollen kaum denkbar.

1 Die ältesten Dresdner
Zur Vorgeschichte

Bis zur Altsteinzeit lassen sich die Spuren menschlicher Zivilisation archäologisch zurückverfolgen. Mit der „neolithischen Revolution" begann um 5500 v. Chr. die dauerhafte Besiedlung des Elbtals durch Ackerbauern und Viehzüchter.

Dank der Archäologie erhält man Einblicke in das Leben der ältesten „Dresdner" der noch schriftlosen Vorzeit. Mit den Urmenschen der Altsteinzeit beginnend, entstanden und vergingen auch im Raum Dresden nur durch zahlreiche Funde fassbare Kulturen. Jene Artefakte, zunächst vor allem die namensgebenden Steinwerkzeuge, wie Faustkeile, Schaber, Äxte oder Speerspitzen, bieten erste Anhaltspunkte für die Entwicklung der Zivilisation. Zu sehen waren die Highlights im Landesmuseum für Vorgeschichte Dresden im Japanischen Palais, das auf die kurfürstlichen Sammlungen aus dem 18. Jahrhundert zurückging. 2014 wurde es jedoch als Staatliches Museum für Archäologie nach Chemnitz verlagert. Zunächst zogen die Horden der Jäger und Sammler ohne feste Wohnplätze umher. Älteste Funde eines Freiluft-Rastplatzes im Plauenschen Grund mit Knochenresten von Mammut, Wollnashorn und Wildpferd gehen auf ca. 50.000 v. Chr. zurück.

Der bahnbrechende Schritt vom nomadisierenden Jäger und Sammler zum sesshaften Ackerbauern und Viehzüchter vollzog sich in der Jungsteinzeit. Eine wichtige klimatische Voraussetzung war der Übergang vom altsteinzeitlichen Eiszeitalter mit seinen Kalt- und Warmperioden zur heutigen Warmzeit vor ca. 10.000 Jahren. Die „neolithische Revolution" begann im 9. Jahrtausend v. Chr. im „fruchtbaren Halbmond" Kleinasiens und dehnte sich über den Balkan bis Mitteleuropa aus. Um 5500 v. Chr. tauchten die ersten sesshaften Bauern in der klimatisch begünstigten Elbtalweitung mit ihren fruchtbaren Lößböden auf. Fortan findet sich im Dresdner Elbkessel eine durchgehende Besiedlung. Lange lagen die Siedlungen vor allem auf den südlichen und westlichen Hanglagen oberhalb der Elbaue. Ein typisches Charakteristikum jener frühen sesshaften „Dresdner" war die Verwendung des ersten künstlich hergestellten Werkstoffs Keramik für Gefäße zur Vorratshaltung, für Geschirr und Schmuck. Dementsprechend benennt man die sich ablösenden Kulturen nach Form und Verzierung jener Keramikgefäße. Einen weiteren wichtigen Schub erhielt die menschliche Zivilisation mit der Nutzung des Metalls in Bronze- und Eisenzeit vom 2. Jahrtausend v. Chr. bis zur Zeitenwende, mit der allmählich die Geschichte im engeren Sinne einsetzt. Jetzt begann auch die Besiedlung des heutigen Innenstadtgebietes in der Elbniederung.

Das eindrucksvollste Bodendenkmal des Metallzeitalters stellt die Heidenschanze oberhalb des Plauenschen Grundes dar. Auf jenem imposanten Felssporn dehnte sich eine bronzezeitliche Siedlung aus, die an drei Seiten natürlich

Die bronzezeitliche Höhensiedlung Heidenschanze im Plauenschen Grund.

geschützt war. Der östliche Zugang in Richtung des heutigen Ortes Coschütz wurde durch eine gewaltige Wallanlage abgeschirmt, von der noch immer Reste erhalten sind. Erste archäologische Funde gehen bis in die Zeit der Bandkeramiker um 5000 v. Chr. zurück. Von ca. 1200 bis 500 v. Chr. fand sich hier eine große, von Steilhängen und Wall geschützte Siedlung der Lausitzer Kultur. Die Menschen lebten in großen hölzernen Pfostenhäusern mit versiegeltem Lehmfußboden. Vom regen gewerblichen Leben zeugen Reste von Werkstätten mit Töpferöfen, Webgewichten und Bronzeschmelzöfen. Die Heidenschanze wird für die späte Bronze- und frühe Eisenzeit als wichtigste burgähnliche und dichtbewohnte Höhensiedlung im Kulturraum des Dresdner Elbtals eingestuft, die in den überregionalen Handel einbezogen war. Sie bildet damit gewissermaßen einen prähistorischen Vorläufer der Stadt Dresden. Das später als Steinbruch und Landwirtschaftsfläche genutzte Felsplateau, in älteren Quellen Coschützer Burgberg oder Coschützer Schanze genannt, gab immer wieder Funde aus heidnischer „grauer Vorzeit" frei. So bürgerte sich der Name Heidenschanze ein. Eine ähnliche bronzezeitliche Höhensiedlung, deren Reste noch erhalten sind, befand sich auf dem „Kanapee" zwischen Friedrichs- und Vogelgrund oberhalb von Pillnitz.

2 Dreždany
Slawische Wurzeln

Dresden geht auf die slawische Siedlung Dreždany der „Sumpfwaldleute" an der wichtigen Elbefurt zurück. Ab dem 10. Jahrhundert verschmolzen Slawen und Deutsche weitgehend friedlich zur Bevölkerung der nunmehr deutsch geprägten Stadt.

Die Sachsen sind genauso wenig wie die Deutschen insgesamt eine homogene ethnische Einheit mit rein germanischen Wurzeln. Das Gebiet des heutigen Freistaates war auch in den frühen historischen Epochen von regen Bevölkerungsbewegungen gekennzeichnet. Diese begannen mit der germanischen Besiedlung um die Zeitenwende. Im 5. und 6. Jahrhundert war das heutige Sachsen überwiegend Teil des Königreiches der Thüringer, dessen Einfluss bis in den Raum Dresden reichte. Der Untergang des Thüringer Reiches gegen die Franken 531 bedeutete eine nachhaltige Zäsur. Während die Gebiete westlich der Elbe-Saale-Linie ins fränkische und spätere deutsche Reich eingegliedert wurden, ließen sich östlich – und damit auch im Gebiet der späteren Stadt Dresden – slawische Stämme nieder. Diese konnten dort über fast vier Jahrhunderte ihre Unabhängigkeit behaupten. 632 tauchten die Sorben erstmals als „gens surbiorum" beim fränkischen Chronisten Fredegar auf. Sie unterschieden sich deutlich von ihren germanischen Nachbarn durch Religion, Sprache und Siedlungsformen. Über die politischen und kulturellen Verhältnisse bestehen mangels slawischer Quellen allerdings keine detaillierten Kenntnisse. Die Stämme wurden von einem Fürsten geführt, Herrschafts- und Lebensmittelpunkte waren befestigte dörfliche Siedlungen und Wallburgen. Auch über die naturreligiösen Vorstellungen gibt es nur vage Überlieferungen.

Unter dem (nieder-)sächsischen Geschlecht der Ottonen dehnte das ostfränkisch-deutsche Reich seine Herrschaft auf die slawischen Gebiete bis zu Oder und Neiße aus. König Heinrich I. eroberte 929 das heutige Sachsen, sein Sohn Kaiser Otto der Große gründete 968 die Markgrafschaft Meißen. Gerne ließ man daher in der älteren Historiografie die sächsische Geschichte mit dem „Mythos Meißen" beginnen. Heinrich I. hatte während seines Eroberungszuges auf einem imposanten Berg über der Elbe die Burg „misini" errichtet, benannt nach dem unterhalb vorbeifließenden Meisabach. Die allmählich aus einer slawischen Siedlung entstehende Stadt Dresden stand lange im Schatten dieses benachbarten Herrschaftszentrums und Bischofssitzes. Eine der Hauptaufgaben der Markgrafen von Meißen, seit 1089 bzw. endgültig seit 1123 die Wettiner, war die herrschaftliche und religiöse Integration der slawischen Bevölkerung. Lange Zeit behielt diese dabei ihre Kultur und Sprache bei. Bis heute verraten viele Landschafts-, Orts- und Familiennamen slawische Wurzeln.

So geht auch „Dresden" auf das „Dreždany" der Nisanen zurück,

Die slawischen Siedlungen befanden sich auf beiden Seiten der Elbe etwa auf Höhe der späteren Augustusbrücke.

einen Stamm der Sorben, der seit dem späten 6. Jahrhundert im fruchtbaren Elbtal ansässig war. Zu den Siedlungen im heutigen Stadtgebiet gehörte auch ein Dorf beidseits des Flusses etwa auf Höhe der späteren Augustusbrücke. Der Name „Dreždany" bedeutet so viel wie „(Sumpf-)Waldbewohner". Auch die vielen heutigen Ortsteilnamen mit der Endung -itz deuten auf slawischen Ursprung. Die „Sumpfwaldleute" siedelten an der von alters her wichtigen Furt durch die Elbe, einer seichten, zum Durchqueren des Flusses geeigneten Stelle im Verlauf eines alten Handelsweges. Umgeben waren ihre Siedlungen auf den trockeneren Anhöhen von sumpfig-morastigem, mit Flussläufen durchzogenem Feuchtgebiet, das sich aus den Überschwemmungen der Elbe und den Flüssen aus dem Erzgebirge speiste. Nach der Eroberung durch die Ottonen sicherten die Deutschen das Elbtal zunächst von befestigten Plätzen wie Meißen und Dohna aus, während die dörflichen Siedlungen noch weitgehend von Slawen bewohnt blieben. Der deutsche Kultureinfluss begann sich aber allmählich auszuwirken. So finden sich um die etwa 1000 errichtete erste Frauenkirche, wichtiger urbaner Kristallisationskern, frühe christliche Bestattungen von Slawen. Nach langer, weitgehend friedlicher Nachbarschaft gingen diese vor allem im Zuge des großen Landesausbaus im 12. und 13. Jahrhundert, in dessen Zusammenhang auch die Entwicklung Dresdens zur Stadt im engeren Sinne zu sehen ist, in der Mehrheitsbevölkerung auf. Nur in Ostsachsen und im südlichen Brandenburg konnte sich mit den Sorben eine nationale Minderheit erhalten.

3 Dresdene
Entwicklung zur Stadt

Das 1206 erstmals in einer Markgrafen-Urkunde erwähnte „Dresdene" entwickelte sich im 13. Jahrhundert zur Stadt im engeren Sinne. Es stieg zum mauerumwehrten Handels- und Gewerbezentrum mit einer der wenigen Elbebrücken auf.

Die ursprünglich slawische Siedlung Drežd'any trat vergleichsweise spät ins Licht der Geschichte. In einer Urkunde Markgraf Dietrichs des Bedrängten aus dem Hause Wettin, das Mitte des 12. Jahrhunderts in den Besitz des Elbtals gelangt war, wird Dresden 1206 erstmals erwähnt. Dies sollte 800 Jahre später zum Anlass für ein aufwändiges Jubiläumsjahr werden. Bleibender Ertrag war unter anderem die opulente dreibändige „Geschichte der Stadt Dresden". Allerdings sagt die Urkunde von 1206 noch wenig aus, in der „Dresdene" nur als Ort einer Streitschlichtung des Markgrafen zwischen dem Bischof von Meißen und Burggrafen von Dohna genannt wird. Zehn Jahre später wird dann eine weitere Urkunde des Markgrafen ausdrücklich „in civitate nostra Dreseden" („in unserer Stadt Dresden") ausgestellt. Hier scheint die Entwicklung zur planmäßig angelegten und befestigten Stadt erstmals in den Schriftquellen auf. Archäologische Untersuchungen konnten deren Beginn ins späte 12. Jahrhundert datieren.

Jenes hoch- und spätmittelalterliche Dresden war umgeben von einer Mauer, einem Wassergraben und vier Stadttoren, dem Wilsdruffer Tor, Elb- oder Brückentor, Frauentor und Seetor, sowie der Kleinen Kreuzpforte. Im Zentrum der Handels- und Gewerbestadt am wichtigen Elbe-Übergang im Verlauf alter Fernstraßen befanden sich der Markt (Altmarkt) mit dem frei auf dem Platz stehenden Rathaus und die Kreuzkirche. Diese war ursprünglich dem heiligen Nikolaus als Schutzpatron der Kaufleute gewidmet. 1388 wurde die Kirche aber wegen einer wertvollen Reliquie, einem Span vom Kreuz Christi, in „Zum Heiligen Kreuz" umgeweiht. Seit dem 14. Jahrhundert eng mit ihr verbunden sind die älteste Schule der Stadt und der weltberühmte Kreuzchor. Als zweites sakrales Zentrum trat das 1272 erstmals erwähnte Franziskanerkloster hinzu, dessen Gotteshaus nach der Reformation zur Sophienkirche umgeweiht wurde. Die im Zweiten Weltkrieg beschädigte letzte gotische Kirche der Stadt musste 1963 dem sozialistischen Stadtumbau weichen.

Als Schutz der Stadt und Herrschaftssitz der Wettiner fungierte neben einer zeitweisen Befestigung auf dem Taschenberg die anstelle eines befestigten Hofes errichtete Burg am Elbtor. Sie wird 1289 als „Castrum Dresden" erstmals erwähnt. Der Ausbau zum Schloss begann um 1400, das in der zweiten Hälfte des 15. Jahrhunderts zur Vierflügelanlage erweitert wurde. Die östliche Vorstadt mit der Frauenkirche, deren Ursprünge etwa bis ins Jahr 1000 zurückreichen, und das bis 1549 unabhängige Altendresden (seit

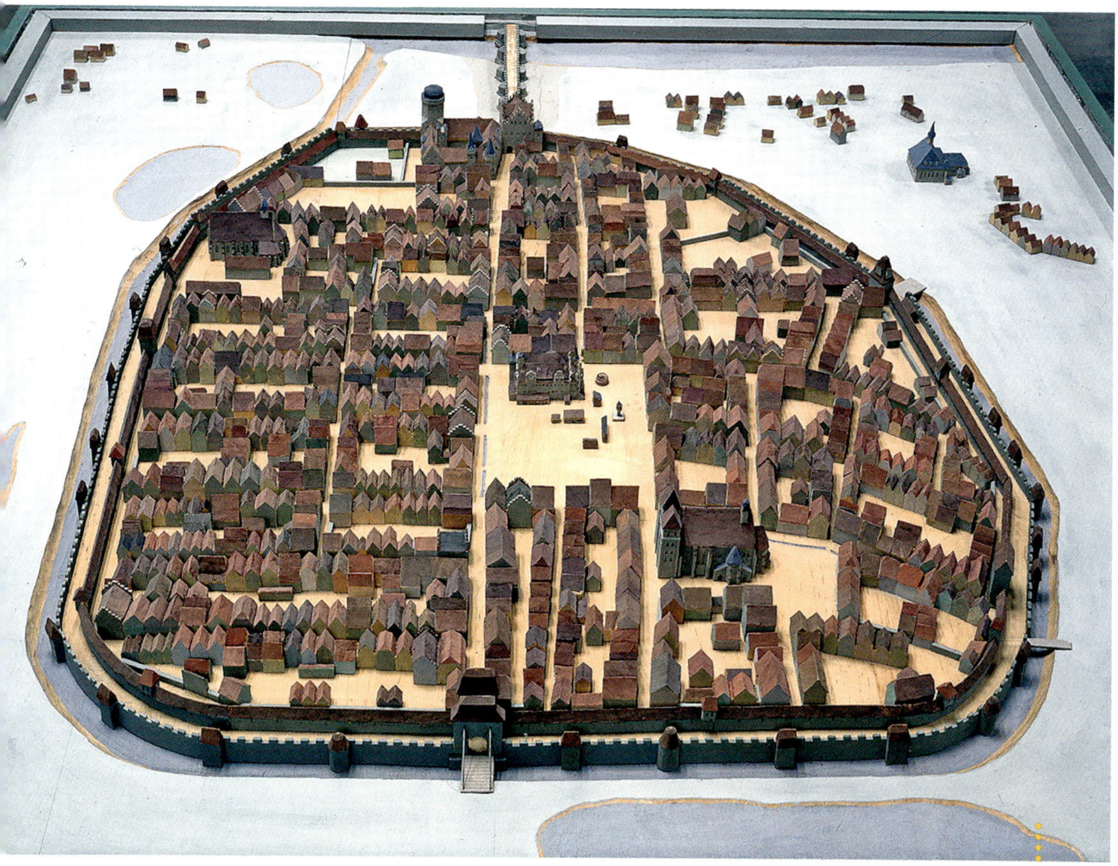

Modell der Stadt (1521) im Stadtmuseum Dresden.

1732 Neustadt) mit der Dreikönigskirche am nördlichen Elbufer befanden sich bis ins frühe 16. Jahrhundert außerhalb der Stadtbefestigungen. Diese wurden in der Folgezeit mehrfach erweitert und modernisiert. Ihre nahezu komplette Abtragung erfolgte erst Anfang des 19. Jahrhunderts. Heute bietet ein Museum in den erhaltenen Baulichkeiten der Brühlschen Terrasse ein multimediales Festungserlebnis.

Möglicherweise schon im späten 12. Jahrhundert entstand auf Betreiben der Kaufleute die erste Elbbrücke, die spätere Augustusbrücke. Sie wird 1287 als Steinbrücke urkundlich erwähnt. Damit stieg die Bedeutung des wettinischen Marktortes als Verkehrszentrum weiter. Allerdings führte die wichtigste europäische Fernstraße, die Via Regia, von Leipzig kommend über Großenhain, Königsbrück und Kamenz bis Görlitz nördlich am Dresdner Elbtal vorbei. Auch gehörte Dresden an der Schwelle zur Neuzeit noch nicht zu den wichtigsten Handelszentren Mitteldeutschlands. Ein Indikator hierfür sind die Bevölkerungszahlen um 1500: In Dresden lebten rund 6.000 Einwohner, während Magdeburg, Erfurt und Leipzig 28.000, 18.000 und 9.000 Bewohner zählten. Erst die rasant wachsende Residenz des Augusteischen Zeitalters und die moderne Industriegroßstadt machten Dresden neben der Messestadt Leipzig zur größten Metropole.

4 Autonomie
Bürgerschaft und Stadtrat

Mit der Entwicklung zur Stadt im 13. Jahrhundert erlangte die Bürgerschaft mit Stadtrat und Bürgermeister an der Spitze weitgehende Autonomie von ihrem Landesherrn. Trotz des späteren Wandels zur Residenzstadt trat die Bürgerschaft nie ganz in den Hintergrund.

Im Verlaufe des 13. Jahrhunderts entwickelte sich Dresden zur Stadt im engeren Sinne. Dabei erlangte die von feudaler Abhängigkeit freie Bürgerschaft wichtige Rechte von ihrem Landesherrn, dem wettinischen Markgrafen von Meißen. Hierzu zählten Grundbesitz- und Erbrecht sowie das Recht auf die Bildung eines Stadtrates mit einem Bürgermeister an der Spitze, die die kommunalen Angelegenheiten vom Handel bis hin zur Gerichtsbarkeit weitgehend selbstständig regeln konnten. Ein Symbol hierfür ist der im Stadtmuseum zu bestaunende älteste Ratssiegelstempel mit dem Stadtwappen von 1309. Zwar zeigt er mit dem Meißner Löwen und den Landsberger Pfählen das Wappen der Markgrafen, das bis heute in schwarz-goldener/gelber Färbung als Stadtwappen Dresdens dient. Zugleich stand er aber auch für die Autonomie der Bürgerschaft, die mit ihrem Siegel Rechtsakte beglaubigte. Gaben im „regierenden Rat" und als „regierende Bürgermeister" zunächst wohlhabende Tuchhändler und Gewandschneider den Ton an, rückten später auch Vertreter der Handwerkerschaft auf. Von Selbstbewusstsein und Wohlstand der bürgerlichen Elite zeugen die Konsolfiguren des Patriziers Lorenz Busmann und dessen Gattin. Diese wurden für die Busmannkapelle der Franziskaner- und späteren Sophienkirche geschaffen, wo der mehrfache Bürgermeister 1412 beigesetzt wurde. Die aufwändigen Konsolsteine, die als älteste Bildnisse von Dresdner Bürgern gelten, sind im Stadtmuseum ausgestellt, während die stilisierte Busmannkapelle als Gedenkstätte an die 1963 zerstörte Kirche erinnert.

Herzstück der Bürgergemeinde war das Rathaus auf dem Markt, dem heutigen Altmarkt. Das mehrfach ausgebaute repräsentative Gebäude, dessen Aussehen ein Modell im Stadtmuseum rekonstruiert, stand frei auf der nördlichen Platzhälfte. Ursprünglich diente es als Kaufhaus der einflussreichen Tuchhändler. Seit 1380 tagten dort Stadtrat und Gericht. Darüber hinaus lagerten hier die Vorräte an Bier, Wein und Getreide, die Waffen und Ausrüstungsstücke für die Stadtverteidigung, und hier fanden größere Zusammenkünfte der Bürgerschaft statt. Mit dem Wandel Dresdens seit dem 15. Jahrhundert von einer vergleichsweise bescheidenen Handels- und Gewerbestadt der Wettiner hin zu deren glanzvoller Residenz veränderte sich auch der Charakter des Marktes, des einzigen größeren Platzes der Stadt. Zunehmend nutzten ihn die Landesherrn für aufwändige Festivitäten, für Fasching, Paraden, Ritterturniere und Tierhetzen. Dabei war ihnen das Rathaus buchstäblich im Wege. Es besitzt eine gewisse Symbolik für diese im barocken Elbflorenz gipfelnde

Der älteste Ratssiegelstempel von 1309 im Stadtmuseum Dresden.

Entwicklung, dass es schließlich Kurfürst und König August dem Starken 1707 gelang, das Rathaus gegen den Willen des Rates abreißen zu lassen.

Veränderte sich bei der Entwicklung der Residenzstadt auch das Verhältnis zwischen Landesherr und Bürgerschaft, so trat Letztere doch nie völlig in den Hintergrund. Zudem sorgten die Bedürfnisse des Hofes mit für das Auskommen der wachsenden Bevölkerung vom Handwerker und Händler bis zum Beamten. Eine wichtige Zäsur war die Einführung der kommunalen Selbstverwaltung 1830. So spielten beim Aufstieg zur modernen Industriegroßstadt Bürgermeister, Stadtrat und Stadtverordnete eine zentrale Rolle. Nach dem Überschreiten der 100.000-Einwohner-Grenze trat 1853 ein Oberbürgermeister an die Spitze der Großstadt. Bis zum Beginn der NS-Diktatur 1933 prägten die liberal-konservativen Oberbürgermeister Friedrich Wilhelm Pfotenhauer, Paul Alfred Stübel, Gustav Otto Beutler, Bernhard Blüher und Wilhelm Külz mit ihrer wachsenden Stadtverwaltung die rasante Urbanisierung. Auch in späteren Schlüsselmomenten traten die Stadtoberhäupter ins Rampenlicht. So war der letzte SED-Oberbürgermeister Wolfgang Berghofer in der Friedlichen Revolution 1989 an der Herbeiführung einer gewaltfreien Lösung beteiligt. An dessen Stelle trat 1990 als erster wieder frei gewählter Oberbürgermeister mit Herbert Wagner (CDU) ein führender Vertreter der Bürgerbewegung der Wendezeit.

5 Weltberühmte Kruzianer
Der Dresdner Kreuzchor

Der Kreuzchor gilt als einer der ältesten und renommiertesten Knabenchöre Deutschlands und Europas. Als städtischer Chor, eng verbunden mit der Kreuzkirche, wirkt er erfolgreich als Kulturbotschafter Dresdens.

Jubiläen sind gerne genutzte Anlässe für Feierlichkeiten, bei denen Rückschau gehalten und die Verdienste des Jubilars gewürdigt werden – sei es ein Verein, eine Institution, eine Kommune oder ein Land. Dies gilt umso mehr, desto länger die Traditionen zurückreichen. Ein bisweilen zu beobachtendes Phänomen ist dabei der Umstand, dass man mit den zeitlichen Wurzeln großzügig umgeht. So geschehen auch in der jüngsten Vergangenheit beim weltberühmten Dresdner Kreuzchor. Gleich fünfmal beging die Stadt Dresden von 1916 bis 1947 dessen 700-Jahr-Feier. 1991 und 2016 folgten eine 775-Jahr-Feier und 800-Jahr-Feier. Diese bezogen sich auf die erste urkundliche Erwähnung Dresdens als Stadt 1216, womit der bis heute städtische Chor ins Licht der Geschichte getreten sei. Beim Festakt in der Semperoper am 4. März 2016 erklärte Oberbürgermeister Dirk Hilbert: „Allein der Gedanke an den gemeinsamen Start von Stadt und Chor im frühen 13. Jahrhundert fasziniert. Er verdeutlicht, wie eng Chor-Tradition und Stadt-Geschichte verwoben sind."

Diese Datierung, die symbolträchtig auf die enge Verbindung des Chores mit der Stadt verweist, wird von Historikern jedoch angezweifelt. Denn für die Existenz des Chores 1216 gibt es keine Quellenbelege. Die Ausbildung von Chorknaben ist erst für 1371 schriftlich belegt, womit der Kreuzchor auf rund 650 Jahre verbürgte Geschichte zurückblicken kann. Diese Datierungsfragen berühren freilich nicht das internationale Renommee der Kruzianer, wie sich die Mitglieder des Chores nennen. Mit Aachener Domchor, Regensburger Domspatzen, Stadtsingechor zu Halle und Leipziger Thomanerchor gehören sie zu den ältesten Knabenchören Deutschlands und Europas. In einem kann man der Festansprache von 2016 vorbehaltlos zuzustimmen: „Es verdeutlicht, wie eng Chor-Tradition und Stadt-Geschichte verwoben sind, wie stark Höhen und Tiefen verbinden. Was aber am meisten beeindruckt, ist die Gegenwärtigkeit all dessen. Denn mit dem Dresdner Kreuzchor feiern wir nicht nur einen der ältesten Knabenchöre der Welt, sondern zugleich ein sich stets verjüngendes, erneuerndes Ensemble, das auf allerhöchstem Niveau und voller Leidenschaft musiziert."

Die Kreuzkirche nahe dem Markt gehörte dabei zu den Kernen der sich im 13. Jahrhundert entwickelnden Stadt. Sie war ursprünglich Nikolaus, dem Schutzheiligen der Kaufleute geweiht. Die hohe sakrale Bedeutung einer Reliquie vom Kreuz Christi führte dann zum erstmals 1319 belegten Namenswechsel in Kreuzkirche. Im Jahre 1300 wiederum taucht erstmals ein Dresdner Schulmeister in den Quellen auf. Nahe der Kreuzkirche gelegen, war dessen Wirkungsstätte wohl

Denkmal für die Kruzianer mit Kreuzkantor Julius Otto (1830–1875).

anfangs eine Pfarrschule, die aber bis 1380 in die Verwaltung des Stadtrates überging. Eine wichtige Aufgabe der Schule bestand, wie 1371 erstmals zu lesen ist, in der Ausbildung von Chorknaben für liturgische Gesänge und Gottesdienste. An dieser engen Verknüpfung von Schule, Knabenchor und Kreuzkirche hat sich seither, trotz tiefer historischer Zäsuren wie der mehrfachen Zerstörung der Kreuzkirche unter anderem im Siebenjährigen Krieg 1760 und im Zweiten Weltkrieg 1945, grundsätzlich nichts geändert. Freilich dient der vom Kreuzkantor geleitete Chor mit seinen rund 120 Kruzianern im Alter von 9 bis 19 Jahren, bis zum Abitur im Evangelischen Kreuzgymnasium beheimatet, keineswegs mehr allein der Kirchenmusik. Er ist mit seinen internationalen Tourneen, Konzerten und Auftritten in den Medien einer der wichtigsten Kulturbotschafter Dresdens und Sachsens.

6 Aufstieg zur Residenz
Dresden und die Wettiner

Das mächtige Herrschergeschlecht der Wettiner bestimmte über Jahrhunderte die Geschicke Sachsens. Im 15. Jahrhundert machte die Linie der Albertiner Dresden zu ihrer fortan glanzvoll ausgebauten kurfürstlich-königlichen Residenz.

Die 968 im eroberten Slawengebiet eingerichtete Markgrafschaft Meißen markiert den Anfang der sächsischen Landesgeschichte im engeren Sinne. Sie steht auch am Beginn des Aufstiegs der Wettiner, die Dresden zur glanzvollen Residenz erheben sollten. Hierauf verweist unter anderem das seit dem frühen 14. Jahrhundert belegte Dresdner Stadtwappen mit dem schwarzen Meißner Löwen auf goldenem Grund und den „Landsberger Pfählen", die für die ebenfalls einst den Wettinern gehörende Mark Landsberg stehen. 1089 erstmals im Markgrafenamt, bestimmte das alte Adelsgeschlecht von 1123 über acht Jahrhunderte bis hin zur Novemberrevolution 1918 die Geschicke von Stadt und Land.

Die Wettiner griffen zudem weit über das heutige Sachsen hinaus. Um 1500 beherrschten sie eines der mächtigsten Territorien des Reiches. Als Markgrafen von Meißen hatten sie sich die Herrschaft über das heutige Sachsen erkämpft, 1247 die Landgrafschaft Thüringen und 1423 unter Friedrich dem Streitbaren das Kurfürstentum Sachsen(-Wittenberg) erlangt. Zusammen mit den Erzbischöfen von Mainz, Köln und Trier, dem König von Böhmen, Markgrafen von Brandenburg und Pfalzgrafen bei Rhein waren sie nunmehr für die Wahl des Kaisers verantwortlich und übten hohe Reichsämter aus.

Fortan führten die Wettiner das Wappen Sachsens mit dem neunmal Schwarz

und Gold geteilten Schild mit grünem Rautenkranz, bis heute das sächsische Landeswappen, und das Schwarz und Silber geteilte Kurwappen mit den gekreuzten roten „Kurschwertern". Beide Wappen sind in Dresden allgegenwärtig. 1806 stiegen die Wettiner sogar zu Königen von Sachsen auf. Künstlerischen Ausdruck gefunden hat diese lange Ahnenkette im „Fürstenzug", einem Wandbild aus Meißner Porzellanfliesen mit 35 Markgrafen, Herzögen, Kurfürsten und Königen am Dresdner Residenzschloss. 1876 erstmals als Sgrafitto an der nördlichen Außenwand des Stallhofs angebracht und 1907 mit Fliesen erneuert, gilt es mit seinen 102 Metern als größtes Porzellanwandbild der Welt. Freilich täuscht es darüber hinweg, dass Dresden erst Jahrhunderte nach Markgraf Konrad dem Großen (reg. 1123–1156), der den Fürstenzug anführt, zum wichtigsten Herrschaftssitz der Wettiner avancierte. Ihr Aufstieg war lange mit Städten wie Meißen und Freiberg verbunden. Grablege der Wettiner wurde die katholische Dresdner Hofkirche erst nach der Konversion Augusts des Starken 1697, während sie zuvor im Kloster Altzella, Meißner Dom und Freiberger Dom ihre letzte Ruhe gefunden hatten.

Der Aufstieg Dresdens begann mit einer der großen Zäsuren der sächsischen Geschichte, der Leipziger Teilung 1485. Die Wettiner spalteten ihr Territorium in eine ernestinische und albertinische Linie, wobei Dresden mit der Markgrafschaft Meißen an das Herzogtum Sachsen der Albertiner fiel. Im Fokus stand zunächst das ernestinische Kurfürstentum Sachsen mit seinen Hauptresidenzen Wittenberg und Torgau. Unter den Kurfürsten Friedrich dem Weisen, Johann dem Beständigen und Johann Friedrich dem Großmütigen zählte es zu den angesehensten des Reiches und wurde ab 1517 zur Schutzmacht der Reformation Martin Luthers. Im Schatten dieser weltgeschichtlichen Vorgänge rückte Dresden unter Verdrängung Meißens unter Herzog Albrecht dem Beherzten (reg. 1485–1500) zur Hauptresidenz der Albertiner auf. Dessen Sohn Herzog Georg der Bärtige (reg. 1500–1539) brachte dies mit dem Georgenbau (1535) als einem der ältesten erhaltenen Teile des Residenzschlosses deutlich zum Ausdruck. Mit dem ersten prächtigen Renaissancegebäude hatte Georg das alte Stadttor zur Elbe ersetzt.

Ausschnitt des Fürstenzugs von Kurfürst Friedrich dem Weisen bis zu August dem Starken.

7 Herrschaftssitz und Schatzkammer
Das Residenzschloss

Das Schloss bildet das Herzstück der einstigen Residenzstadt Dresden. Über Jahrhunderte bauten es die wettinischen Markgrafen, Herzöge, Kurfürsten und Könige zum repräsentativen Herrschaftssitz aus, der heute weltberühmte Museen beherbergt.

Maßgebliche Entwicklungsimpulse für den Baukomplex im Nordwesten der Altstadt gingen von den Zäsuren der sächsischen Landesgeschichte aus: Die Leipziger Teilung 1485 machte es zum Sitz der albertinischen Linie des Hauses Wettin. Deren Aufstieg zu Kurfürsten von Sachsen 1547 löste den bis heute prägenden Umbau zum prächtigen Renaissanceschloss aus. Der barocke Repräsentationsgeist, gipfelnd im Augusteischen Zeitalter, und die Erhebung der Wettiner zu Königen von Sachsen 1806 hinterließen am und im Bauwerk ihre Spuren. Dass all dies heute wieder nachvollziehbar ist, verdankt sich nach der Zerstörung bei den verheerenden Luftangriffen vom Februar 1945 der vier Jahrzehnte später begonnenen und heute weitgehend abgeschlossenen Rekonstruktion des Schlosses, einer der größten Leistungen der Denkmalpflege in Deutschland.

Die erste urkundliche Erwähnung als „Castrum" geht auf das Jahr 1289 zurück. Die Burg diente der Sicherung der sich entwickelnden Stadt Dresden durch die wettinischen Markgrafen von Meißen. Um 1400 ließ sie Markgraf Wilhelm I., der Einäugige, zur fürstlichen Residenz ausbauen. Dabei entstanden die unteren Teile des Hausmannsturms und ein östlicher Palas. Die Erlangung der Kurfürstenwürde 1423 erhöhte das Repräsentationsbedürfnis der Wettiner. So wurde auch das Dresdner Schloss von 1468 bis 1480 unter den noch gemeinsam herrschenden Brüdern Kurfürst Ernst und Herzog Albrecht zu einer geschlossenen Vierflügelanlage erweitert. 1485 machten die albertinischen Wettiner Dresden zur Hauptresidenz, wobei Meißen mit seiner imposanten Albrechtsburg in den Hintergrund trat. Erster markanter Schlossneubau war der Georgenbau mit dem Georgentor 1535. Nachdem Herzog Moritz 1547 die Kurfürstenwürde von den Ernestinern erlangt hatte, veranlasste er den Umbau zum prächtigen Residenzschloss im Stil der Renaissance (1548–1556). Im Großen Innenhof mit seinen Sgraffito-Wandmalereien, die ursprünglich auch die äußere Fassade zierten, prangt ein umlaufender Schriftzug mit den Herrschaftstiteln der Wettiner, denen der Kurfürsten demonstrativ voransteht.

Spätere Monarchen bauten den Komplex immer weiter aus. 1590 folgten nach Osten der Stallhof und das Stallgebäude. Letzteres fungierte später als erste Gemäldegalerie (1747–1855), historisches Museum Johanneum (1876–1945) und seit 1956 als Verkehrsmuseum. 1594 entstand südlich der kleine Schlosshof mit dem Torhaus, heute transparent überwölbter Empfangsbereich der Schlossmuseen. Der erste Dresdner Barockfürst Johann

Residenzschloss mit Hausmannsturm (Mitte), links die Hofkirche und rechts die Hauptwache.

Georg II. gab dem nunmehr gut 100 Meter hohen Hausmannsturm 1676 seine markante barocke Bekrönung. Das Augusteische Zeitalter steigerte die Prachtentfaltung weiter. Es entstanden mit dem Schloss korrespondierende Gebäude, wie unter August dem Starken das Taschenbergpalais (1708) für dessen Mätresse Gräfin Cosel und die katholische Hofkirche (1751) unter Friedrich August II. Bis zur Novemberrevolution 1918 diente das teilweise historistisch überformte Residenzschloss der kulturellen Machtdemonstration der Wettiner, die 1889 in Dresden mit großem Pomp ihr 800. Herrschaftsjubiläum feierten. Heute präsentiert es sich nicht nur als einstiger Herrschaftssitz mit eindrucksvollen Repräsentationsräumen, sondern auch als eines der weltweit bedeutendsten Museen mit einzigartigen Schätzen. Historisches und Neues Grünes Gewölbe, Münzkabinett, Kupferstichkabinett und Rüstkammer mit Türckischer Cammer lassen die Prachtentfaltung des sächsischen Hofes erahnen.

8 Krone der Residenzlandschaft
Die Festung Königstein

Die Festung Königstein war über Jahrhunderte ein zentrales Element der Dresdner Residenzlandschaft. Heute gehört die uneinnehmbare Bastion und glanzvolle Krone Sachsens zu den beliebtesten Tourismuszielen nahe der Landeshauptstadt.

Die Wettiner weiteten als Markgrafen von Meißen seit dem 12. Jahrhundert ihre Macht im heutigen Sachsen aus. 1247 erwarben sie die Landgrafschaft Thüringen und sicherten sich ausgedehnte Territorien im mitteldeutschen Raum. Vor ihrer eigenen Haustür, nur wenige Kilometer südwestlich der späteren Hauptresidenz Dresden, ging es jedoch lange nicht voran. Erst 1402 gelang Markgraf Wilhelm I., dem Einäugigen, die Ausschaltung der Burggrafen von Dohna mit ihrem Stammsitz im Müglitztal nahe des prächtigen Schlosses Weesenstein. Damit war der Weg frei Richtung Elbsandsteingebirge, das von Böhmen beherrscht wurde. 1406 erlangte Wilhelm die strategisch wichtige Burg Königstein, die 1241 erstmals als „Stein des Königs" (von Böhmen) urkundlich erwähnt wird. Nach langem Ringen legte der Vertrag von Eger 1459 den Grenzverlauf zwischen Sachsen und Böhmen auf dem Kamm des Erzgebirges fest.

Der Königstein auf einem 360 Meter hohen Tafelberg über der Elbe am Eingang zur Sächsischen Schweiz entwickelte sich fortan zur wichtigsten Landesfestung, zur „Krone Sachsens". Er erfüllte zum einen die Funktion als uneinnehmbare Bastion, als Rückzugsort der Herrscher und des Staatsschatzes sowie als berüchtigtes Gefängnis für Prominente, wie Johann Friedrich Böttger, Michail Bakunin und August Bebel. Zum anderen lassen die herrschaftlichen Gebäude erkennen, dass der Königstein auch der höfischen Repräsentation diente. Besonders im glanzvollen Augusteischen Zeitalter fanden hier nur knapp 40 Kilometer elbaufwärts von Dresden rauschende barocke Festlichkeiten statt. Kurfürst-König August der Starke schuf als wahre Wunder gehandelte Attraktionen, wie ein 238.000 Liter fassendes Weinfass, das einen Tanzboden trug.

Die Baulichkeiten spiegeln die verschiedenen Nutzungen des Königsteins.

Der Festungszugang führt unter dem Torhaus und Neuen Zeughaus hinauf auf das Felsplateau. Hier hatte neben der ins Mittelalter zurückreichenden Georgenburg im 16. Jahrhundert der Ausbau des Berges zur modernen Bastion begonnen. Nach mehrfachen Umbauten gehört sie zu den dominanten Gebäuden des Königsteins. Für das Militär stehen Altes und Neues Zeughaus, Neuer Marstall, Garnisonkirche, Geschossmagazin und zahlreiche unterirdische Anlagen. Die Wasserversorgung sicherte ein von Freiberger Bergleuten in den 1560er-Jahren angelegter 152 Meter tiefer Brunnen, über dem sich ein barockes Brunnenhaus erhebt. Höfische Sinnenfreude verkörpern die Magdalenenburg aus dem 17. Jahrhundert und die malerisch an den Felsrand zur Elbe gebaute Friedrichsburg, 1731 für August den Starken in barocker Form umgestaltet. 1855 entstand ein Schatzhaus für den sächsischen Staatsschatz.

Trotz seiner martialischen Ausstrahlung hat der Königstein nie militärische Konflikte erlebt. Selbst bei den großen Niederlagen Sachsens gegen Preußen im Siebenjährigen Krieg 1756 und im Deutschen Krieg 1866 blieb er unbehelligt. In jüngerer Vergangenheit hat die zivile Bevölkerung die Festung vom Militär erobert, das 1921 seine Garnison aufgab. Allerdings diente der Berg zunächst noch als Lazarett, Gefangenenlager und DDR-Jugendwerkhof. 1955 zum Museum erklärt, wurde er dann zu einem der beliebtesten Ausflugsziele Sachsens mit einer halben Million Besucher jährlich. In den letzten Jahren hat man hierfür die touristische Infrastruktur mit Panoramaaufzug, Parkhaus und schneller S-Bahn-Verbindung nach Dresden weiter ausgebaut. Die Dauerausstellung „In lapide regis – Auf dem Stein des Königs“ im Torhaus bietet einen unterhaltsamen Rundgang durch acht Jahrhunderte.

Die Festung Königstein über der Elbe am Eingang zur Sächsischen Schweiz.

9 Silbernes Elbflorenz
Die Schätze des Erzgebirges

Die Silbervorkommen der traditionsreichen Bergbaureviere des Erzgebirges sicherten Sachsen über Jahrhunderte wirtschaftliche Prosperität und prunkvoll demonstrierte Macht. Hiervon profitierte vor allem die Residenz Dresden.

Weit über Sachsen hinaus ist das Erzgebirge für seine Volkskunst bekannt, die vielfach Motive des Bergbaus aufgreift. Weihnachtliche Schwibbögen werden als Stolleneingänge gedeutet, Räuchermännchen präsentieren sich als Bergleute. Das Mittelgebirge mit dem höchsten Gipfel Sachsens, dem 1.215 Meter zählenden Fichtelberg bei Oberwiesenthal, war allerdings bis weit ins Mittelalter unbewohnt. Erst der große Landesausbau im 12. und 13. Jahrhundert erschloss den „Miriquidi", den dunklen Wald, bis zum Gebirgskamm, der seit 1459 als Grenze zwischen Sachsen und Böhmen fungiert. Zum wichtigsten Wirtschaftsfaktor wurde der Bergbau. Ihm verdankt das Erzgebirge auch seinen Namen, der 1589 in der Bergchronik des Petrus Albinus aus Wittenberg erstmals erwähnt wird.

Der Bergbau ging eine enge Verbindung mit den Bewohnern und Herrschern Sachsens ein. Die wettinischen Markgrafen von Meißen und Kurfürsten von Sachsen verdankten besonders den reichen Silbervorkommen des Erzgebirges die wirtschaftliche Prosperität ihres Landes. Sie sicherte ihnen die ab dem 15. Jahrhundert vor allem in der Residenz Dresden prunkvoll demonstrierte Stellung als eines der mächtigsten Herrscherhäuser des Reiches. Die Wettiner verstanden sich deshalb auch als oberste Bergmänner, wie die wertvolle Bergmannsgarnitur von Kurfürst Johann Georg II. im Grünen Gewölbe von 1675 zeigt.

Der Bergbau hat also über Jahrhunderte hinweg Sachsen und dessen Zentralort Dresden geprägt. Lange dominierte das von Markgraf Otto dem Reichen 1168 begründete Revier um Freiberg, die „Silberstadt Sachsens". Später blühten neue Silberbergbau-Zentren auf: Schneeberg (1481), Annaberg (1496), Buchholz (1501), Marienberg (1521) und Oberwiesenthal (1526). Der Abbau von Zinn, Eisen, Kupfer und Steinkohle sorgte ebenfalls für sprudelnde Einnahmen. Jenes „Zweite Berggeschrey" setzte erneut technologische, wirtschaftliche und gesellschaftliche Innovationskräfte frei. So stammt eines der Standardwerke zum Bergbau, die „Zwölf Bücher vom Berg- und Hüttenwesen" (1556), vom Humanisten und Chemnitzer Bürgermeister Georg Agricola. Auch großartige Kunstwerke künden von jener Zeit, etwa der Bergaltar der St. Annenkirche von 1522 in Annaberg. Ein weiteres Kapitel schlug die Bergbaugesellschaft Wismut auf. Sie betrieb von 1946 bis 1990 Uranbergbau für das Atomprogramm der Sowjetunion mit Standorten auch in Freital und Dresden-Gittersee.

Der weitgehend Geschichte gewordene Bergbau des Erzgebirges, seit 2019

Teil der Bergmannsgarnitur Kurfürst Johann Georgs II. im Grünen Gewölbe (bpk / Staatliche Kunstsammlungen Dresden / Jürgen Karpinski).

UNESCO-Weltkulturerbe, entfaltet noch immer eine hohe identitätsstiftende Kraft. Das reicht von Bergmannsvereinen, Paraden und Schaubergwerken bis hin zum „Kumpelclub" FC Erzgebirge (Wismut) Aue, einer der alten Rivalen von Dynamo Dresden. Für das traditionelle Handwerk steht das „Spielzeugdorf" Seiffen, die Stadt Glashütte im Osterzgebirge genießt für ihre Uhren einen weltweit guten Ruf. Zudem spielt der Tourismus eine wichtige Rolle. Die Mischung aus traditionsreichen Bergstädten, harmonischer Landschaft und Wintersport zieht immer mehr Menschen in den „dunklen Wald". Im Elbflorenz Dresden weiß man das Erzgebirge nicht nur als einstige Quelle des Wohlstands der Wettiner zu schätzen, sondern nutzt es gerne auch als rasch erreichbares Erholungsgebiet.

10 Die Reformation kommt nach Dresden

Herzog Heinrich der Fromme

Heinrich der Fromme führte 1539 im albertinischen Herzogtum Sachsen die Reformation ein. Hieran erinnert ein Altarrelief in der Dresdner Kreuzkirche, eine der beiden Hauptkirchen der Evangelisch-Lutherischen Landeskirche Sachsens.

Im mitteldeutschen Raum griff die 1517 von Wittenberg ausgehende Reformation Martin Luthers rasch um sich. Die ernestinischen Kurfürsten von Sachsen in Wittenberg machten 1525 den Anfang, viele Herrscherhäuser folgten ihnen mit der Aufnahme des neuen Bekenntnisses. Sie hatten dabei nicht nur den wahren Glauben im Sinn. Den Fürsten kam die von Luther autorisierte Erhebung zu Obersten Bischöfen und der Aufbau einer Landeskirche bei der Ausbildung frühneuzeitlicher Staatlichkeit sehr entgegen. Vom Augsburger Religionsfrieden 1555 wurde schließlich unter der Formel „Cuius regio, eius religio“ („Wessen Land, dessen Religion“) sanktioniert, dass der Landesherr die Religion seiner Untertanen bestimmen kann. Die Region gehörte damit mit wenigen Ausnahmen fortan im religiös gespaltenen Reich zum protestantischen Kulturraum Mittel- und Nordeuropas.

Das albertinische Herzogtum Sachsen mit seiner neuen Hauptresidenz Dresden hielt unter Herzog Georg dem Bärtigen (reg. 1500–1539) zunächst jedoch strikt am katholischen Glauben fest. Das gestaltete sich allerdings schwierig. In der Bevölkerung bis weit in Hofstaat und Geistlichkeit hinein begann sich reformatorisches Gedankengut auszubreiten. Der Fürst, der die Notwendigkeit einer Erneuerung der Kirche keineswegs leugnete, hatte jedoch als Augenzeuge der Leipziger Disputation Luthers mit Johannes Eck 1519 eine tiefe Abneigung gegen den kühnen Reformator gefasst. Mit aller Härte versuchte er die Anhänger des neuen Bekenntnisses zurückzudrängen.

Georg konnte aber trotz verzweifelter Bemühungen nicht verhindern, dass sein Bruder Herzog Heinrich der Fromme (reg. 1539–1541) sofort nach Übernahme der Herrschaft die Reformation einführte. Dieser hatte schon zwei Jahre zuvor in seinen persönlichen Herrschaftssitzen Freiberg und Wolkenstein die lutherische Lehre verankert. Ein Bronzerelief am Altar der Kreuzkirche in Dresden aus dem Jahre 1900 hält den symbolhaften Moment fest, als hier am 6. Juli 1539 erstmals in Gegenwart des Herzogs mit dem bezeichnenden Beinamen die Messe auf Deutsch gelesen und das Abendmahl unter beiderlei Gestalt ausgespendet wurde. Letzteres umfasste nunmehr Brot und Wein, der bisher den Klerikern vorbehalten war. Der vergrößerte „Laienkelch“ wurde ebenso wie die Predigt in der Sprache des Volkes zu einem Charakteristikum des evangelischen Gottesdienstes.

Anwesend war ebenfalls Kurfürst Johann Friedrich, der den Reformprozess mithilfe seiner Wittenberger Theologen um Luther aktiv unterstützte. Im weiteren Verlauf bildete sich ein einheitliches

Bronzerelief am Altar der Dresdner Kreuzkirche zur Einführung der Reformation in Sachsen 1539.

evangelisches Landeskirchenwesen heraus, das fest in die staatlichen Hierarchien eingebunden war. An der Vorherrschaft des Luthertums änderte weder die kurzzeitige Förderung des Calvinismus im 17. Jahrhundert noch der Übertritt des wettinischen Herrscherhauses zum Katholizismus 1697 als Tribut für die polnische Königskrone unter Kurfürst August dem Starken etwas. Nach dem Ende der Monarchie gab sich die Landeskirche 1922 eine neue Verfassung mit einem Landesbischof an der Spitze. Heute repräsentiert die Evangelisch-Lutherische Landeskirche Sachsens mit Sitz in Dresden und ihren beiden Hauptkirchen, der Kreuzkirche in Dresden und dem Dom in Meißen, den Großteil der Protestanten im Lande. Deren Anteil an der Bevölkerung ist allerdings nach zwei kirchenfeindlichen Diktaturen stark gesunken. In Dresden bekennt sich nur noch ein Fünftel der Einwohner offiziell zum Christentum, rund 15 Prozent zur evangelischen Konfession.

11 Machiavelli von der Elbe
Herzog und Kurfürst Moritz

Herzog Moritz von Sachsen erlangte 1547 von seinem Vetter Johann Friedrich die Kurfürstenwürde. Die einen sehen in ihm deshalb den „Judas von Meißen", andere den Begründer der glanzvollsten Epoche Sachsens und dessen Residenz Dresden.

Die Reformationszeit brachte auch das Ende des kurzlebigen ernestinischen Kurfürstentums, für das neben Wittenberg besonders Torgau mit seinem prächtigen Schloss Hartenfels steht. Im Schmalkaldischen Bund der protestantischen Reichsstände von 1531 übten die Kurfürsten Johann der Beständige und Johann Friedrich der Großmütige eine Führungsrolle aus. Während Luthers Schutzherr Friedrich der Weise noch eher diplomatisch agiert und sich erst auf dem Sterbebett zum Protestantismus bekannt hatte, waren sein Bruder und Neffe von Beginn an eifrige Verfechter der Lehren Luthers. Auf die drohende militärische Auseinandersetzung mit den Katholiken bereitete sich Kursachsen durch eine rasante Aufrüstung vor. Allerdings kostete dies den Ernestinern im Schmalkaldischen Krieg 1546/47 ihre Machtstellung. Nach der Niederlage gegen den katholischen Kaiser Karl V. und Herzog Moritz von Sachsen (reg. 1541–1553) in der Schlacht bei Mühlberg an der Elbe am 24. April 1547 gingen die Kurwürde und alle nichtthüringischen Gebiete an die Albertiner über. Diesen gelang im Weiteren die Entwicklung des Kurfürstentums Sachsen zu einem machtvollen Territorialstaat. Dies sollte im Augusteischen Zeitalter mit seiner barocken Prachtentfaltung gipfeln. Hiervon profitierte insbesondere die glanzvoll ausgebaute kurfürstliche Residenz Dresden, die nach der Leipziger Teilung 1485 unter Verdrängung Meißens zum Herrschaftssitz der Albertiner aufgestiegen war.

Herzog bzw. Kurfürst Moritz ist die wohl umstrittenste Herrscherpersönlichkeit der sächsischen Geschichte. Die einen sehen in ihm den skrupellosen „Machiavelli von der Elbe", den „Judas von Meißen", der Verwandtschaft und Konfession um des Machtgewinns verleugnet habe. Im Gegensatz hierzu wird sein unterlegener Vetter als integre Persönlichkeit und glaubensfester Protestant, als Johann Friedrich *der Großmütige,* dargestellt. Hiervon ausgehend sahen sich die Ernestiner in Thüringen fortan auch als die eigentlichen Wahrer des Luthertums, während die Albertiner in Dresden dieses Erbe recht wankelmütig behandelten. Schließlich schlugen sie es unter Kurfürst August dem Starken sogar mit ihrer Konversion zum Katholizismus als Tribut für die polnische Königskrone 1697 ganz aus.

Andere feiern Moritz als tatkräftigen Monarchen und Feldherrn, der seinem Familienzweig die Kurwürde gesichert und die glanzvollste Periode der sächsischen Landesgeschichte eingeleitet habe. Bei dieser Sicht wird auch darauf

Kurfürst Moritz in Rüstung und sein Bruder August (rechts vorn) am Dresdner Fürstenzug.

hingewiesen, dass Moritz mit seinem Kurswechsel gegenüber Kaiser Karl V. wesentliche Grundlagen für reichsfürstliche Selbstbestimmung und Ebenbürtigkeit des Protestantismus gelegt hat. Es gelang ihm als Führer einer Koalition im Bündnis mit dem französischen König dem Kaiser im Vertrag von Passau 1552 die faktische Anerkennung der Augsburgischen Konfession abzuringen. Hierauf folgte, zwei Jahre nach dem frühen Tode des Kurfürsten auf dem Schlachtfeld, 1555 der Augsburger Religionsfrieden als Abschluss der Reformationszeit im engeren Sinne. Fortan bestimmte der jeweilige Landesherr unter dem Motto „Cuius regio, eius religio" („wessen Land, dessen Religion") die Konfession seiner Untertanen.

12 Vater August
Konsolidierung unter Kurfürst August I.

August I. führte das von seinem Bruder Moritz erworbene Kurfürstentum Sachsen in eine lange Phase friedlicher Konsolidierung. Der beliebte „Vater August" steht auch am Beginn des glanzvollen Ausbaus der Residenz Dresden.

Auf den ersten albertinischen Kurfürsten Moritz folgte dessen jüngerer Bruder Kurfürst August I. (reg. 1553–1586). Hieran erinnert das Moritzmonument am östlichen Ende der Brühlschen Terrasse an der Ecke Terrassenufer/Hasenberg. Es gilt als das älteste erhaltene Denkmal der Residenzstadt. Das große Sandsteindenkmal von 1555 zeigt den eigentlich bereits verstorbenen Moritz – hinter ihm steht der Tod mit der Sanduhr –, wie er seinem Bruder das Kurschwert als Symbol der kurfürstlichen Macht überreicht. Damit setzte nach einer turbulenten Phase eine mehr als drei Jahrzehnte währende Konsolidierung ein, an deren Ende Kursachsen ein prosperierendes Land war. Die Anfänge des frühmodernen Staates mit Regierung (Geheimer Rat), zentraler Verwaltung, Behördenorganisation, Kreiseinteilung und gezielter Wirtschaftspolitik wurden ausgebaut. Das Verhältnis zur Ständevertretung in Dresden, bestehend aus Ritterschaft, Geistlichkeit und Städten, blieb konsensorientiert, zumal die Wettiner lange Zeit insbesondere dank des Bergbaus im Erzgebirge finanziell unabhängig agieren konnten.

Diese Finanzstärke machte es dem Kurfürsten auch möglich, die wenigen noch verbliebenen selbstständigen Herrschaften der Region fast komplett aufzukaufen: Dippoldiswalde (1560), Stollberg (1564), das Vogtland (1569) und die Grafschaft Mansfeld (1570). Nachdem unter Augusts Nachfahren 1706 auch die Herrschaft Wildenfels bei Zwickau an die Kurfürsten gefallen war, blieben lediglich die Schönburgischen Herrschaften um Glauchau bei albertinischer Oberhoheit bis zum Ende des Alten Reiches 1806 ein unabhängiger Reichsstand. So wurden nunmehr von Dresden aus Ländereien teils weit über den heutigen Freistaat Sachsen hinaus regiert. Der patriarchalische „Vater August" erfreute sich dank einer langen Phase des Friedens und wirtschaftlichen Aufschwungs bei vielen Untertanen nicht zuletzt in seiner Residenz Dresden einer gewissen Beliebtheit. Unterstützung fand er bei seiner Gattin Anna von Dänemark, die als einflussreiche „Landesmutter" galt. Hieran erinnert das Denkmal vor der Annenkirche, 1578 der erste evangelische Kirchenneubau Dresdens. Jene zugleich älteste Vorstadtkirche überstand mit 1.000 dort Zuflucht suchenden Dresdnern die Bombenangriffe vom Februar 1945 und gehört damit zu den wenigen historischen Bauten in der Wilsdruffer Vorstadt.

Allen voran die Dresdner hatten auch guten Grund ihrem Landesherrn Kurfürst August I. dankbar zu sein. Seine Herrschaft war zum einen von sparsamer Haushaltsführung geprägt, er legte aber

Das Moritzmonument zeigt Kurfürst August (rechts), der von seinem Bruder Moritz das Kurschwert übernimmt.

durchaus auch Wert auf Repräsentation der gewachsenen Machtfülle seines Hauses. Die kursächsische Residenzstadt blühte unter August weiter auf. Auf ihn geht insbesondere die Fertigstellung des von Moritz begonnenen Umbaus des wettinischen Herrschaftssitzes zum prächtigen Renaissanceschloss von 1548 bis 1556 zurück. Im großen Schlosshof hat man die einst auch außen angebrachte Sgrafitti-Wandbemalung mit dem Schriftzug der Herrschaftstitel der Wettiner rekonstruiert: Kurfürsten von Sachsen, Landgrafen von Thüringen, Markgrafen von Meißen, Burggrafen von Magdeburg. Dem glaubensfesten Lutheraner August, der das protestantische Landeskirchenwesen zum Machtausbau nutzte, lag auch die prächtige neue Schlosskapelle am Herzen. Hier sollte wenig später mit Hofkapellmeister Heinrich Schütz einer der profiliertesten Musiker seiner Zeit wirken. 1737 unter August dem Starken geschlossen und zu profanen Zwecken umgebaut, hat man die Kapelle beim Wiederaufbau des Schlosses rekonstruiert.

13 Schauprozess anno 1601
Nikolaus Krell und der Calvinismus

Unter Kurfürst Christian I. und dessen Kanzler Nikolaus Krell kam es kurzzeitig zum Kurswechsel vom Luthertum zum Calvinismus. Nach dem Tode des Monarchen wurde dieser sofort korrigiert und Krell 1601 in Dresden hingerichtet.

Kurfürst August (reg. 1553–1586) hatte nach der turbulenten Phase unter seinem Bruder und Vorgänger Moritz die Entwicklung des jungen albertinischen Kurfürstentums Sachsen mit seiner großzügig ausgebauten Residenz Dresden in ruhige Bahnen gelenkt. Nach drei Jahrzehnten unter „Vater August" war Sachsen ein prosperierendes Land. Mit Augusts Nachfolger Christian I. (reg. 1586–1591) kam es jedoch durch einen religionspolitischen Kurswechsel zu schweren Spannungen mit Ständeversammlung und Geistlichkeit. Dresden sollte dabei zum Schauplatz spektakulärer Ereignisse werden, die weit über Sachsen hinaus für Aufmerksamkeit sorgten. Hatte August besonders nach dem Sturz der als „Kryptocalvinisten" verfemten Anhänger Philipp Melanchthons am Hof 1574 rigide die lutherische Orthodoxie vertreten, so neigte sein Sohn nun zum Calvinismus.

Der Calvinismus ist ein strenges reformatorisches Bekenntnis, das auf den Genfer Theologen Johannes Calvin zurückgeht und sich von den Lehren Luthers in einer Reihe von Fragen unterscheidet. Auf ihn beriefen sich die reformierten Kirchen, die auch im Reich etwa bei den sächsischen Nachbarn Brandenburg und Anhalt zu Landeskirchen aufstiegen. Für viele einschneidende Maßnahmen zur Verdrängung der Lutheraner aus Führungsstellungen und für strukturelle Veränderungen machte man in der Residenz Dresden den Kanzler und Freund des neuen Kurfürsten Nikolaus Krell verantwortlich, Sohn eines wohlhabenden Leipziger Ratsherrn. Hierzu gehörte auch die außenpolitische Anlehnung an andere calvinistische Reichsstände, wie die Kurpfalz, Kurbrandenburg und Anhalt.

Nach dem frühen Tode des trinkfreudigen Kurfürsten kehrte Sachsen unter dessen zunächst noch unmündigen Sohn, Kurfürst Christian II. (reg. 1591–1611), wieder zum strengen Luthertum zurück. Krell wurde auf Betreiben der Geistlichkeit und lutherischer Adelskreise als Symbolfigur der Calvinisten verhaftet und zehn Jahre auf der Festung Königstein in der „Krellburg" gefangen gehalten. Hinter den umstrittenen Vorgängen steckte insbesondere die Mutter Christians II., Sophie von Brandenburg, eine orthodoxe Lutheranerin. In einem fragwürdigen Prozess wurde Krell schließlich zum Tode verurteilt. Am 9. Oktober 1601 erfolgte auf dem Jüdenmarkt am Neumarkt seine Hinrichtung durch das Schwert. An die Stelle des schon von vielen Zeitgenossen als Justizmord empfundenen Geschehens vor dem heutigen Verkehrsmuseum erinnert der „Krellstein" im Straßenpflaster. Später distanzierte sich der Kurfürst von der Verurteilung, für die er falsche Berater

Der „Krellstein" im Pflaster des Jüdenhofes vor dem Verkehrsmuseum Dresden.

verantwortlich machte, und rehabilitierte Nikolaus Krell postum.

An der Rückkehr zum orthodoxen Luthertum änderte das freilich nichts. Christian II. korrigierte auch den außenpolitischen Kurswechsel Krells. Er kehrte zu der von seinem Großvater August vertretenen Politik zurück, die als protestantische Leitmacht auf einen Ausgleich der Konfessionen im Reich im Sinne des Augsburger Religionsfriedens von 1555 abzielte. Dies bedeutete auch eine loyale Zusammenarbeit mit dem katholischen Habsburger Kaiserhaus in Wien. An jener Achse Dresden–Wien hielt man bis ins 19. Jahrhundert unter sich wandelnden Rahmenbedingungen fest. So trat Kursachsen auch der 1608 gegründeten Protestantischen Union nicht bei, der ein Jahr später in verhärteter Frontstellung die Katholische Liga gegenübertrat. Dieser im Dreißigjährigen Krieg zunehmend problematische Spagat zwischen protestantischem Bekenntnis und Treue zum katholischen Kaiser brachte Kursachsen immerhin 1635 die habsburgische Lausitz ein.

14 Meister des Frühbarocks
Heinrich Schütz

Heinrich Schütz gilt als einer der ersten deutschen Komponisten von internationalem Rang und Wegbereiter der Barockmusik eines Bach, Händel und Telemann. Seine jahrzehntelange Wirkungsstätte war der Hof von Kurfürst Johann Georg I.

Heinrich Schütz gilt als der bedeutendste deutsche Musiker des Frühbarocks. So mancher Wissenschaftler sieht in ihm sogar den ersten Komponisten von internationalem Rang, ohne dessen Schöpfungen die Meisterwerke des Barocks von Johann Sebastian Bach, Georg Friedrich Händel und Georg Philipp Telemann kaum vorstellbar wären. Schon seinen Zeitgenossen galt er als „parens nostrae musicae modernae", als „Vater unserer modernen Musik". Neben vielen geistlichen Werken ist Schütz zusammen mit dem großen Barockdichter Martin Opitz als Schöpfer der ersten deutschen Oper „Daphne" (1627) in die Musikgeschichte eingegangen. Jahrzehntelange Wirkungsstätte dieses Wegbereiters der deutschen Barockmusik war der Hof des sächsischen Kurfürsten Johann Georg I. (reg. 1611–1656) in Dresden.

Der 1585 in (Bad) Köstritz bei Gera geborene Thüringer wuchs als Sohn eines Gastwirts in Weißenfels auf. Schon als Kind entdeckte man sein musikalisches Talent. Landgraf Moritz von Hessen-Kassel ermöglichte ihm eine gediegene Ausbildung unter anderem als Organist in Venedig und stellte Schütz 1613 an seinem Hof in Kassel an. Nach langjährigen Reibereien zwischen den Fürsten konnte sich 1619 Johann Georg die Dienste seines nunmehrigen Hofkapellmeisters sichern. Schütz hatte fortan die Oberaufsicht über die Mitglieder der Hofkapelle mit ihren Sängern und Instrumentalisten. Er musste sich um die Bereitstellung weltlicher und geistlicher Musik kümmern. Diese hatte zur Unterhaltung des Hofes ebenso zu dienen wie für den Gottesdienst. Auch die im Barockzeitalter zunehmende Bedeutung politischer Repräsentation verlangte nach musikalischer Untermalung. Zu alledem kamen die Nöte des Dreißigjährigen Krieges (1618–1648), die auch vor Sachsen nicht Halt machten.

Den aufwändigen Pflichten kam Schütz bis zum Tode Johann Georgs I. nach. Dessen Nachfolger Johann Georg II. (reg. 1656–1680), der als erster großer Barockfürst Sachsens gilt, gestattete dem über 70-Jährigen einen weitgehenden Rückzug von seinen Amtsgeschäften. Weiterhin den Titel eines Hofkapellmeisters tragend, verstarb Schütz 1672 in Dresden. Zu den Erinnerungsorten an den großen Musiker zählt dessen Wohnhaus am Neumarkt, wo Schütz von 1629 bis 1657 lebte. Mehrfach umgebaut und im Februar 1945 bei den verheerenden Luftangriffen zerstört, trägt das im Zuge der Rekonstruktion des Neumarktviertels wiedererrichtete Gebäude heute den Namen „Heinrich-Schütz-Haus". Hierbei wurde der Eckerker mit einem Sandsteinrelief tanzender Kinder integriert, der

Das ehemalige Wohnhaus von Heinrich Schütz am Neumarkt.

bereits das Vorgängergebäude aus der Zeit von Heinrich Schütz zierte.

Eine weitere wichtige Wirkungsstätte ist mit dem komplexen Wiederaufbau Dresdens zurückgekehrt. Die Schlosskapelle war nach der Einführung der Reformation in Dresden 1539 als zweiter protestantischer Kirchenbau Sachsens nach Torgau von Kurfürst Moritz zwischen 1551 und 1553 errichtet worden. Die in das repräsentativ umgebaute Residenzschloss integrierte Kirche verband Formen der Spätgotik und Renaissance. Besonders eindrucksvoll wirkten das Schlingrippengewölbe und die künstlerische Ausgestaltung. Nachdem Kurfürst August der Starke zum Katholizismus konvertiert war, wurde die Kapelle 1737 geschlossen und umgebaut. Beim Wiederaufbau des Schlosses ab 1986 hat man sie schließlich rekonstruiert. Seit 2013 kann sie wieder für Veranstaltungen und Ausstellungen genutzt werden. Anziehungspunkt für Musikfreunde ist Dresden auch als lebendige Musikstadt. Neben Aufführungen des Kreuzchors, in Semperoper und Kulturpalast, neben Dixielandfestival, Dresdner Musikfestspielen und vielen weiteren Festivals gehört das jährlich im Oktober veranstaltete Heinrich-Schütz-Musikfest zu den Fixpunkten im Veranstaltungskalender.

15 Dresdens erster Barockfürst
Kurfürst Johann Georg II.

Kurfürst Johann Georg II. führte Sachsen in der zweiten Hälfte des 17. Jahrhunderts ins Zeitalter des Absolutismus. Mit barocker Pracht in seiner Residenz Dresden, wie sie im Großen Garten zu sehen ist, untermauerte er die politische Bedeutung des Landes.

Die zweite Hälfte des 17. Jahrhunderts brachte nach dem Ende des Dreißigjährigen Krieges (1618–1648) erneut eine Phase der Konsolidierung Kursachsens im Zeichen des fürstlichen Absolutismus. Am Beginn dieser Epoche stand Kurfürst Johann Georg II. (reg. 1656–1680), der oft als erster Barockfürst bezeichnet wird. Der Absolutismus nach dem Motto des französischen „Sonnenkönigs“ Ludwig XIV. „Der Staat bin ich“ wurde freilich in Sachsen wie in vielen Reichsterritorien nur graduell verwirklicht. Insbesondere durch das Steuerbewilligungsrecht blieb die in Dresden tagende Ständeversammlung aus Adel, Geistlichkeit und Städten ein wichtiger politischer Akteur. Hinzu kam die testamentarisch von Johann Georg I. verfügte Einrichtung von drei sogenannten Sekundogenituren für die jüngeren Brüder des Kurfürsten. Die Herzogtümer Sachsen-Weißenfels, Sachsen-Merseburg und Sachsen-Zeitz bestanden bis Mitte des 18. Jahrhunderts.

So kam das neue Zeitalter vor allem in der barocken Prachtentfaltung des kursächsischen Hofes zum Ausdruck, was auch den persönlichen Interessen des Fürsten entsprach. Johann Georg II. war für Musik, Theater und Literatur sehr aufgeschlossen, bereicherte die Kunstsammlungen und beförderte Dresdens Ausstrahlung als Residenz baulich und mit aufwändiger Hofhaltung. Er belebte die in seiner Jugendzeit noch von Heinrich Schütz geprägte Hofkapelle, aus der die heutige renommierte Sächsische Staatskapelle Dresden hervorging, und berief viele italienische Künstler an seinen Hof. Dresden erhielt ein vielbeachtetes Komödienhaus für große Opernaufführungen, das Residenzschloss wurde im Barockstil aufwändig erneuert, wobei der Hausmannsturm 1676 seine markante Bekrönung erhielt. Zusammen mit den Ausgaben für große, bisher ungekannte Festlichkeiten sorgte all dies freilich auch für eine erhebliche Verschuldung des Kurfürsten.

Nachhaltigster Beitrag beim Ausbau Dresdens zu einer Residenz von europäischem Rang war die Anlage des Großen Gartens. Eine der größten städtischen Parkanlagen Deutschlands wurde seit 1676 als streng geometrischer Barockgarten am damaligen östlichen Stadtrand angelegt. Im Laufe der Jahrhunderte wurde der wahrhaft große Garten mehrfach erweitert und umfasst heute auf rechteckigem Grundriss eine Fläche von rund 1,8 Quadratkilometern. Im Zentrum befindet sich das um 1680 errichtete Sommerpalais. Der in der Grundstruktur erhaltene Barockgarten bekam später Züge eines englischen Landschaftsparks. Im 19. und 20. Jahrhundert wurde er von der

Palais im Großen Garten.

expandierenden Großstadt umfasst und erhielt den Charakter eines Stadtparks mit Ausstellungsgelände, Zoopark, Gartenlokalen und Parkeisenbahn.

Prächtige Bauwerke und Parks wie der Große Garten, in denen sich ein aufwändiges Kulturleben abspielte, waren jedoch kein Selbstzweck bzw. nur zum Vergnügen der Herrscher gedacht. Sie sollten die politische Bedeutung in einer Zeit unterstreichen, in der kulturelle Repräsentation immer wichtiger wurde. In dieser Hinsicht war Kursachsen mit seiner Residenz Dresden auch schon vor dem glanzvollen Zeitalter Augusts des Starken auf gutem Wege. Großes Vorbild jener Epoche war zwar der französische König in Versailles, dem auch Johann Georg nacheiferte, politisch jedoch blieb er der Tradition seines Hauses treu. Der Kurfürst sorgte wie schon sein Vater Johann Georg I. wesentlich mit dafür, dass 1658 mit Leopold I. ein Habsburger zum Kaiser gewählt wurde und nicht Ludwig XIV.

16 Der sächsische Mars
Kurfürst Johann Georg III.

Kurfürst Johann Georg III. ging als „sächsischer Mars" in die Geschichte ein. Der Feldherr gehörte zu den Rettern Wiens gegen die Türken 1683 und verteidigte das Reich als Oberbefehlshaber gegen das Frankreich Ludwigs XIV.

Kurfürst Johann Georg III. (reg. 1680–1691) ist trotz seiner relativ kurzen Amtszeit als bedeutender Herrscher in die Geschichte Sachsens eingegangen. Zum einen führte er die barock-kunstfreudige Herrschaft seines Vaters Johann Georg II. in Dresden fort, setzte aber im Zeitalter des Absolutismus in einem anderen Bereich weit über Sachsen hinaus spürbare Impulse. Johann Georg III. gelang trotz der starken Stellung der Dresdner Landstände 1682 die Einrichtung eines Stehenden Heeres als wichtiges fürstliches Machtinstrument – das er auch intensiv nutzte. Der Kurfürst stand seinem Vorfahren Moritz, dem Sieger von Mühlberg 1547, auf dem Schlachtfeld kaum nach. Er erlangte in jener schwierigen Zeit Berühmtheit, als das Reich unter dem Habsburger-Kaiser Leopold I. von Ost und West hart bedrängt wurde. Vom Balkan her rollte die nächste Eroberungswelle des Osmanischen Reiches heran, am Rhein wurde Deutschland vom französischen „Sonnenkönig" Ludwig XIV. bedroht.

Der letzte große Angriff der muslimischen Osmanen begann im Januar 1683 in Istanbul mit der Kriegserklärung an das habsburgische Ungarn. In wenigen Monaten überrannte das 150.000 Mann starke Heer unter Großwesir Kara Mustafa jeden Widerstand und stand Mitte Juli vor Wien. Anfang September 1683 befand sich die belagerte Kaiserstadt an der Donau in verzweifelter Lage. Doch dann kam die Rettung durch ein deutsch-polnisches Koalitionsheer unter König Johann III. Sobieski. Dieses erfocht in der Schlacht am Kahlenberg am 12. September 1683 einen vollständigen Sieg, der nicht nur die Belagerung, sondern auch die „Türkengefahr" ein für alle Mal beendete. Kurfürst Johann Georg III. und seinen 10.000 Sachsen wurde hierbei von Freund und Feind ein maßgeblicher Anteil zugerechnet. An den triumphalen Erfolg, der freilich rund 12.000 Menschenleben kostete, erinnert vor dem Johanneum auf dem Dresdner Jüdenmarkt der 1616 erbaute und eigens umgewidmete „Türkenbrunnen" mit der Siegesgöttin Victoria.

Der als Vorbote des modernen Nationalismus aufkommende Reichspatriotismus wurde neben den „Türkenkriegen" auch von der Bedrohung durch Frankreich angefeuert. 1688 fielen die Truppen König Ludwigs XIV. in das Reichsgebiet ein und richteten über Jahre große Verwüstungen an, denen etwa 1693 das pfälzische Residenzschloss in Heidelberg zum Opfer fiel. Wieder war der sächsische Kurfürst als einer der ersten Reichsfürsten zur Stelle und verhinderte nachhaltige Erfolge der Franzosen. Tapfer und schonungslos gegen sich selbst, verstarb er 1691 in Tübingen als Oberbefehlshaber der Reichstruppen.

„Türkenbrunnen“ auf dem Jüdenhof am Neumarkt.

Reibereien mit Kaiser Leopold I., von dem er seine Verdienste nicht angemessen gewürdigt sah, hatten das traditionell gute Verhältnis zu den Habsburgern getrübt, ohne eine außenpolitische Kehrtwende herbeizuführen.

Johann Georg III. ist in der historischen Erinnerung trotz seiner gefeierten Kriegstaten, die ihm den Ehrentitel „sächsischer Mars“ einbrachten, weitgehend hinter der legendären Erscheinung seines Sohnes August des Starken verschwunden. Dabei hätte eigentlich dessen älterer Bruder Johann Georg IV. (reg. 1691–1694) die nächste Generation prägen sollen. Dem ungeliebten Bruder Augusts war aber nur eine kurze Regentschaft in Dresden vergönnt. Er verstarb an den Pocken, nachdem er seine skandalumwitterte Mätresse Magdalena Sibylla von Neitschütz auf dem Sterbebett geküsst hatte. Damit war der Weg überraschend früh frei für den ehrgeizigen Bruder, der das glanzvolle Augusteische Zeitalter begründen und zur wichtigsten Identifikationsfigur der sächsischen Geschichte werden sollte.

17 Das Augusteische Zeitalter
Dresden, Sachsen und Polen

Kurfürst August der Starke begründete das Augusteische Zeitalter in Dresden. Er und sein Sohn Friedrich August II. waren von 1697 bis 1763 Kurfürsten von Sachsen und Könige von Polen. Barocker Pracht standen geringe politische Erträge gegenüber.

Mit dem Machtantritt von Kurfürst Friedrich August I. (reg. 1694–1733), besser bekannt als August der Starke, begann in Dresden das Augusteische Zeitalter. Der ehrgeizige Wettiner strebte von Beginn an nach einem Prestigegewinn über das Erreichte seiner Vorfahren hinaus. Im Zeitalter des Absolutismus mit seiner barocken Prachtentfaltung, in der der französische „Sonnenkönig" Ludwig XIV. in Versailles als unerreichtes Vorbild diente, musste dies das Erlangen einer souveränen Königskrone außerhalb des Reiches bedeuten. Hierauf zielten auch andere deutsche Monarchen. Die kurbrandenburgischen Hohenzollern firmierten seit 1701 mit einem verfassungsrechtlichen Kunstgriff als Könige in Preußen, die kurhannoverschen Welfen wurden 1714 Könige von Großbritannien.

Den Anfang freilich machte Kursachsen. Mit großem finanziellem Aufwand und diplomatischem Geschick konnte sich August der Starke 1697 in Warschau zum König von Polen wählen und in Krakau als August II. krönen lassen. Damit gewann er ein Territorium hinzu, das einundzwanzigmal größer als der Kurstaat war. Der Monarch von Sachsen-Polen durfte sich jetzt zum Kreis der Großen Europas zählen. Viele Kunstdenkmale erinnern an die Zeit der Kurfürsten-Könige, etwa das Kronentor des Zwingers in der prachtvoll ausgebauten Residenz Dresden. Das Wappen Sachsen-Polens mit dem polnischen Adler, dem litauischen „weißen Ritter" und dem sächsischen Kurwappen ist an vielen Stellen anzutreffen. Allgegenwärtig im Lande sind die kunstvollen wappengeschmückten Postmeilensäulen, die August der Starke im Rahmen einer umfassenden Reform des Postwesens aufstellen ließ. Von den einst rund 300 Säulen, die Entfernung und Reisezeiten auf die Achtelstunde genau angeben, sind noch rund 200 erhalten.

Allerdings brachte die notwendige Konversion des Herrschers zum katholischen Glauben große und nachhaltige Probleme. Das protestantische Kurfürstentum und spätere Königreich Sachsen wurde bis 1918 von einer katholischen Dynastie geführt. Symbole hierfür sind in der Silhouette von Dresden die von Augusts Sohn, Kurfürst Friedrich August II. (reg. 1733–1763), errichtete katholische Hofkirche (1751), der die Frauenkirche (1743) George Bährs als einer der bedeutendsten evangelischen Sakralbauten der Welt demonstrativ gegenübersteht. Der sinnenfrohe Barockfürst August der Starke selbst hatte freilich kaum religiöse Skrupel, ihm war Polen frei nach Heinrich IV. von Frankreich allemal „eine Messe wert".

Auch macht- und wirtschaftspolitisch erfüllte der Erwerb des territorial von

Sachsen durch Schlesien getrennten Königreiches Polen nicht die hochgespannten Erwartungen. August sah sich im Großen Nordischen Krieg lange als Verlierer gegen Schwedenkönig Karl XII. und musste von 1704 bis 1710 sogar auf die polnische Krone verzichten. Nur dank Zar Peter dem Großen von Russland, seinem mächtigen Bündnispartner, konnte er sein Königtum wiedererlangen, ohne je wirklich souveräner Herrscher in Polen zu werden. Ähnliches gilt für seinen Sohn, der ihm immerhin als König August III. von Polen folgen konnte, ehe die sächsisch-polnische Personalunion 1763 ein Ende fand.

Die Postmeilensäule an der Kreuzung Freiberger Straße/ Hertha-Lindner-Straße.

18 Goldener Reiter
Mythos August der Starke

August der Starke gilt als sagenhafte Herrschergestalt und zentrale Identifikationsfigur der sächsischen Geschichte. Hierfür steht besonders der „Goldene Reiter" im prächtig ausgebauten barocken Elbflorenz.

Der „Goldene Reiter" auf dem Neustädter Markt zeigt den sächsischen Kurfürsten und polnischen König August den Starken (reg. 1694–1733) als glanzvollen römischen Caesaren. Geschaffen hat das bekannteste Denkmal Dresdens Ludwig Wiedemann nach einem Modell von Jean Joseph Vinache. Enthüllt wurde es 1736. Die buchstäbliche Lichtgestalt, in Kupfer getrieben und komplett vergoldet, steht für den legendären Herrscher und die zentrale Identifikationsfigur der sächsischen Geschichte. Nach Nordosten reitend, erinnert er zudem an die Personalunion von Sachsen und Polen zwischen 1697 und 1763.

August war bei vielen Untertanen beliebt, „der Starke" wurde wegen seiner Körperkraft, enormen Leistungsfähigkeit bei Speis und Trank sowie seinem regen Liebesleben bewundert. Schon eine Medaille zur Thronbesteigung 1694 zeigt ihn als „Herkules Saxonicus" wie den Helden der griechischen Sage. Das Verbiegen von Eisenstangen und Zerbrechen von Hufeisen bereitete dem Wettiner großes Vergnügen. Von den zahlreichen Mätressen, mit denen er über 300 Kinder gezeugt haben soll, ist die Gräfin Cosel die bekannteste. Als Politiker und Feldherr vollbrachte der Kurfürst trotz des Gewinns der polnischen Königskrone allerdings kaum Heldentaten. Im Inneren musste er zudem das Mitbestimmungsrecht der Stände weiter akzeptieren. Dies konnte am schon zu Lebzeiten gestrickten Mythos Augusts des Starken freilich nur wenig kratzen.

Unstrittig sind zudem die Verdienste beim Aufstieg Sachsens zur kulturellen Großmacht. Der sächsisch-polnische Monarch, bei seiner jugendlichen Kavalierstour vom Versailles des „Sonnenkönigs" Ludwig XIV. tief beeindruckt, gilt als eine der schillerndsten Figuren absolutistischer Prachtentfaltung. Seine Architektur- und Sammelleidenschaft begründeten den Ruf Dresdens als prunkvolle barocke Metropole, als vielzitiertes Elbflorenz. Hierfür stehen Bauwerke wie der Zwinger, das Japanische Palais, die Augustusbrücke und das Taschenbergpalais. Bei den meisten Projekten federführend beteiligt waren Baumeister Matthäus Daniel Pöppelmann und Bildhauer Balthasar Permoser, die mit dem Zwinger ihr kongeniales Meisterwerk schufen.

Die Residenzlandschaft rund um Dresden erhielt ebenfalls ein barockes Gepräge, insbesondere mit dem Umbau des Jagdschlosses Moritzburg und des Schlosses Pillnitz, der Anlage des Barockgartens Großsedlitz und den Erweiterungen auf der Festung Königstein. Die kurfürstlich-königlichen Bauten waren wiederum mit kostspieligen Kunstwerken

Der „Goldene Reiter" auf dem Neustädter Markt in Dresden.

und Raritäten reich ausgestattet. Mit dem Grünen Gewölbe im Residenzschloss hat August der Starke eine der bedeutendsten fürstlichen Schatzkammern hinterlassen.

Die barocke Prachtfassade Dresdens, zu der auch bürgerliche Neubauten beitrugen, war Schauplatz höfischer Festlichkeiten, die alle bisherigen Rahmen sprengten. Heraus ragte unter anderem 1719 die Hochzeit des Kurprinzen mit Maria Josepha von Habsburg, der Tochter Kaiser Josephs I. Verbunden hiermit waren hochfliegende Hoffnungen auf das Erbe des habsburgischen Kaiserhauses, dem man seit Generationen treu verbunden war. Der sparsame preußische „Soldatenkönig" Friedrich Wilhelm I. sah sogar das Versailles von „Sonnenkönig" Ludwig XIV. und das Dresden Augusts des Starken auf Augenhöhe. Er äußerte 1728 bei einem Staatsbesuch beeindruckt: „Die hiesige Magnificence ist so groß, dass ich glaube, sie habe bei Louis XIV. unmöglich größer sein können."

19 Glanzvolle Weltkultur
Grünes Gewölbe und Alte Meister

Das Elbflorenz des Augusteischen Zeitalters ist für seine glanzvollen Kulturschätze berühmt. Das Grüne Gewölbe im Residenzschloss und die Gemäldegalerie Alte Meister mit Werken wie der Sixtinischen Madonna besitzen Weltruf.

Überall auf der Welt kommen Kulturfreunde beim barocken Elbflorenz ins Schwärmen. Verantwortlich hierfür ist vor allem der legendäre sächsische Kurfürst und polnische König August der Starke (reg. 1694–1733), der die Prachtentfaltung im frühen 18. Jahrhundert auf ungeahnte Höhen führte. Sein Sohn Friedrich August II. (reg. 1733–1763), mit dem der machtpolitische Abstieg Sachsens begann, folgte wie viele seiner wettinischen Nachfolger im kulturellen Bereich den großen Ambitionen des Vaters. Johann Gottfried Herder prägte 1802 für das Dresden jenes Augusteischen Zeitalters den Beinamen Deutsches Florenz, aus dem das vielzitierte Elbflorenz wurde. Seine beiden herausragenden Erinnerungsorte sind das Grüne Gewölbe im Residenzschloss und die Gemäldegalerie Alte Meister im Zwinger.

Die Kunstsammlungen des Grünen Gewölbes, benannt nach dem grünen Anstrich der seit 1560 hierfür genutzten Räume im Schloss, erlangten nach ihrer Freigabe für die Öffentlichkeit 1729 internationalen Ruf und dürfen im wahrsten Wortsinne als glanzvolle Weltkultur eingestuft werden. August der Starke hatte hierfür seine Schatzkammer als barockes Gesamtkunstwerk und Ausdruck absolutistischer Macht umgestaltet. Unter den Kunstschätzen ragt „Der Hofstaat zu Delhi“ (1708) von Hofjuwelier Johann Melchior Dinglinger heraus. Für das Hauptwerk der europäischen Juwelierkunst wurden 4.909 Diamanten, 160 Rubine, 164 Smaragde, ein Saphir, 16 Perlen und zwei Kameen verarbeitet. Heute erwarten den Besucher gleich zwei Grüne Gewölbe – ein Historisches und Neues. Während Ersteres die rekonstruierten historischen Räumlichkeiten bietet, sind in Letzterem Highlights der Schätze wie Dinglingers Hofstaat in modernem Ambiente zu sehen.

In der Kulturpolitik konnte Friedrich August II. an seinen Vater anknüpfen. Ihm lag besonders die Gemäldesammlung am Herzen. Hierfür öffnete er 1747 die Galerie im Johanneum, dem heutigen Verkehrsmuseum, die 1854 in die prächtige Sempergalerie am Zwinger umzog – wo sie heute als Gemäldegalerie Alte Meister firmiert. Werke wie die Sixtinische Madonna von Raffael, 1754 angekauft, gehören zu den bekanntesten Kunstwerken der Welt. Dank der Sammelleidenschaft und des Mäzenatentums des Kurfürsten-Königs lässt sich das barocke Dresden in den Stadtansichten des italienischen Malers Bernardo Bellotto, genannt Canaletto, sowie in vielen weiteren Meisterwerken wiederentdecken.

Mit den verheerenden Luftangriffen vom Februar 1945 verlor das Elbflorenz viel von seinem Glanz. Die Renaissance

Das Residenzschloss beherbergt heute mehrere bedeutende Museen.

der einzigartigen Kulturlandschaft um Frauenkirche und Schloss in den letzten Jahrzehnten macht es jedoch heute wieder erlebbar. Besonders der bereits 1985 begonnene Wiederaufbau des Residenzschlosses hat der Stadt eines der bedeutendsten Museen weltweit zurückgegeben. Die Staatlichen Kunstsammlungen Dresden (SKD) präsentieren dort neben ambitionierten Sonderausstellungen das Historische und Neue Grüne Gewölbe, das Kupferstich-Kabinett, die Rüstkammer, das Münzkabinett und Repräsentationsräume der Wettiner samt Krönungsornat Augusts des Starken. Die SKD sind darüber hinaus für ein gutes Dutzend Einrichtungen von Weltruf verantwortlich, wie den bereits 1956 wiedererrichteten Zwinger mit der Gemäldegalerie Alte Meister, das Albertinum mit der Galerie Neue Meister und der Skulpturensammlung sowie das Schloss Pillnitz.

20 Chronist mit dem Pinsel
Bernardo Bellotto, genannt Canaletto

Dank des Malers Bernardo Bellotto, genannt Canaletto, kann man sich ein plastisches Bild vom Elbflorenz des Augusteischen Zeitalters machen. Meisterwerke wie der „Canaletto-Blick" sind in der Gemäldegalerie Alte Meister zu bestaunen.

Eine Reihe großartiger Baudenkmale erinnert in Dresden an das glanzvolle barocke Elbflorenz des Augusteischen Zeitalters. Freilich haben die Entwicklung zur Industriegroßstadt, die Zerstörungen im Zweiten Weltkrieg und der Wiederaufbau nach 1945 das Stadtbild auch nachhaltig verändert. Selbst der legendäre Blick über die Elbe auf die Stadtsilhouette mit der Brühlschen Terrasse bekam erst im späten 19. Jahrhundert seine heutige, nach dem Krieg rekonstruierte Form. Dass man sich dennoch ein sehr plastisches Bild vom Dresden Mitte des 18. Jahrhunderts machen kann, verdankt sich einem venezianischen Künstler. Der Maler Bernardo Bellotto, genannt Canaletto, gilt gewissermaßen als Chronist mit dem Pinsel. Er schuf in seinen Dresdner Jahren zahlreiche detailgetreue Stadtansichten. Weltbekanntheit als „Canaletto-Blick" erlangte sein 1748 geschaffenes Ölgemälde „Dresden vom rechten Elbufer unterhalb der Augustusbrücke". Es gehört zu den Schätzen der Gemäldegalerie Alte Meister neben Sixtinischer Madonna, Schlummernder Venus und Schokoladenmädchen.

1721 in Venedig geboren, erlernte Bernardo Bellotto bei seinem Onkel Giovanni Antonio Canal, von dem er auch den Künstlernamen Canaletto übernahm, das Malerhandwerk. 1738 wurde er in die Malerzunft aufgenommen. Als junger Mann machte er sich bereits mit Stadtansichten in Italien einen Namen. 1747 berief Friedrich August II. den gerade 25-jährigen Künstler als Hofmaler nach Dresden. Der sächsische Kurfürst und polnische König hatte als Kunstkenner eine Vorliebe für italienische Malerei. Bellotto erhielt das beachtliche Jahresgehalt von 1.750 Talern und genoss die Wertschätzung des Monarchen und seines die sächsische Politik beherrschenden Ersten Ministers

Graf Heinrich von Brühl. In deren Auftrag entstanden zahlreiche Gemälde, darunter ein Zyklus von 14 großformatigen Veduten der Stadt Dresden. Als Vedute (italienisch veduta = Ansicht, Aussicht) wird die wirklichkeitsgetreue Darstellung einer Landschaft oder eines Stadtbildes bezeichnet. Hierin war Canaletto ein wahrer Meister. Bei aller fast schon fotografischen Genauigkeit nahm er sich bisweilen aber auch eine gewisse künstlerische Freiheit. So war etwa zum Zeitpunkt der Entstehung des „Canaletto-Blicks" die katholische Hofkirche, anders als auf dem Bild zu sehen, noch im Bau. Das erklärt die vom tatsächlich ausgeführten Gebäude abweichende Turmform und Farbgebung der Fassade. Nach dem Tode Friedrich Augusts II. und dem Ende der Ära Brühl 1763 waren auch für Canaletto die Tage in Dresden gezählt. Er wirkte fortan im nunmehr wieder selbstständigen Königreich Polen und verstarb 1780 in Warschau.

Heute gehören die in einem eigenen Saal präsentierten Canaletto-Bilder zu den Highlights der Gemäldegalerie Alte Meister. Als Motiv für die eindrucksvollen Veduten diente freilich nicht nur Dresden. Die nahe Stadt Pirna mit ihrem malerischen Marktplatz und Landschaften der Umgebung wurden ebenfalls im Zustand um 1750 festgehalten. Aber auch Gemälde früherer Schaffensphasen, wie einige Venedig-Ansichten, sind zu sehen. Nach langjähriger Sanierung der Galerie im prächtigen Semperbau von 1854 erstrahlen die 26 Canalettos seit der Wiedereröffnung 2020 in noch besserem Licht. Der „Canaletto-Blick" erfuhr schon einige Jahre zuvor mit Unterstützung der Spendenkampagne „Für Canaletto" durch die Freunde der Staatlichen Kunstsammlungen Dresden eine umfassende Sanierung. Das prägende Bild vom barocken Elbflorenz und seine weiteren Stadtansichten machen damit dem Chronisten mit dem Pinsel wieder alle Ehre.

Noch heute spricht man beim Elbpanorama vom „Canaletto-Blick".

21 Im Reich der Mitte
Schloss und Schlosspark Pillnitz

Das Schloss Pillnitz gehört zur Residenzlandschaft des barocken Elbflorenz der Augusteischen Epoche. Im Kern unter August dem Starken im Chinoiserie-Stil geschaffen, bilden Schloss und Park mit botanischen Raritäten ein beliebtes Ausflugsziel.

Nähert man sich dem Schloss Pillnitz, wenige Kilometer flussaufwärts von Dresden gelegen, mit einem der Dampfer der traditionsreichen Sächsischen Dampfschifffahrt, so könnte man meinen, ins ferne China zu gelangen. Ganz im Geschmack des frühen 18. Jahrhunderts haben die vor grünen Hügeln hingestreckten drei Pavillons des Wasserpalais die geschwungenen Dachformen fernöstlicher Architektur. Auch die Fassaden sind mit Figurengruppen geschmückt, die das Leben im „Reich der Mitte" zeigen – zumindest in der Vorstellung der Europäer mit ihrer damals weit verbreiteten Chinoiserie-Begeisterung. Bauherr dieses eindrucksvollen Ensembles war Kurfürst-König August der Starke (reg. 1694–1733), verantwortlicher Baumeister Matthäus Daniel Pöppelmann. Pillnitz bildet damit eines der Highlights der Residenzlandschaft um das barocke Elbflorenz der Augusteischen Epoche.

Freilich wurde der ausgedehnte Schlosskomplex mit seinem üppigen Park über viele Generationen hinweg immer wieder umgestaltet und ist heute eines der beliebtesten Ausflugsziele im Dresdner Elbtal. Das auf das 14. Jahrhundert zurückgehende Rittergut Pillnitz gelangte unter Kurfürst Johann Georg IV. 1694 in den Besitz der Wettiner. Nachdem dieser es seiner Mätresse Magdalena Sibylla von Neitschütz geschenkt hatte, holte es August der Starke 1706 in den Familienbesitz zurück, um es seiner Mätresse Gräfin Cosel zu überlassen. 1718 gelangte es endgültig zurück an das Herrscherhaus, als die Gräfin in Ungnade fiel und nach Stolpen verbannt wurde.

Pillnitz wurde nun zum typischen Lustschloss umgestaltet, in das sich die höfische Gesellschaft Dresdens im Sommer gerne zurückzog. Eine prächtige Gondel im Park und die repräsentative

Wassertreppe erinnern an die Zeiten, als die Schifffahrt nach Pillnitz ein glanzvoller Staatsakt war. In den 1720er-Jahren entstanden neben dem Wasserpalais das spiegelbildliche Bergpalais mit dem dazwischenliegenden barocken Lustgarten. Ein weiteres markantes Element ist die Weinbergkirche an den malerischen Weinbergen, die der Schlosslandschaft ein südländisches Gepräge verleihen.

Nach einem Brand des alten Schlosses östlich der beiden Pavillons errichtete König Friedrich August I. von 1819 bis 1826 das Neue Palais mit seinem großen Kuppelsaal und Nebengebäuden samt katholischer Kapelle, womit der Komplex im Wesentlichen seine heutige Form erhalten hat. In die „große Geschichte“ eingegangen ist das Schloss durch die Pillnitzer Deklaration 1791, mit der Preußen und Österreich König Ludwig XVI. zu Beginn der Französischen Revolution ihre Unterstützung zusicherten, was in die Revolutionskriege mündete.

Neben den Gebäuden, in denen heute das Schlossmuseum des Verbundes Schlösserland Sachsen und das Kunstgewerbemuseum der Staatlichen Kunstsammlungen Dresden untergebracht sind, ist der Schlosspark ein besonderer Anziehungspunkt. An ihm lässt sich die Entwicklung vom streng geometrischen Barockgarten zum Englischen Landschaftspark mit wenigen Schritten nachvollziehen. Im späten 18. und im 19. Jahrhundert entstanden der Englische und Chinesische Garten mit Pavillons sowie das eindrucksvolle Stahl-Glas-Palmenhaus (1861) König Johanns. Eine von vielen botanischen Raritäten ist die 1801 gepflanzte „Pillnitzer Kamelie“, eine der ältesten japanischen Kamelien in Europa. Seit 1992 wird sie im Winter von einem fahrbaren gläsernen Gewächshaus geschützt.

Schloss Pillnitz an der Elbe bei Dresden.

22 Das Märchenschloss
Jagdschloss Moritzburg

Das Jagdschloss Moritzburg, eingebettet in eine malerische Wald- und Seelandschaft nahe Dresden, gehörte zu den Lieblingsorten Augusts des Starken. Für seine ungebrochene Popularität sorgt auch der Märchenfilm „Drei Haselnüsse für Aschenbrödel".

Kein Märchenfilm schlägt die Deutschen besonders in der Weihnachtszeit immer wieder so in den Bann wie „Drei Haselnüsse für Aschenbrödel". Der 1973 gedrehte tschechisch-deutsche Kultstreifen mit seiner eingängigen Filmmelodie hat dabei das barocke Jagdschloss Moritzburg wenige Kilometer nördlich von Dresden zum Sinnbild des Märchenschlosses werden lassen. Hier residierte Märchenkönig Rolf Hoppe, einer der profiliertesten Schauspieler Sachsens, der 2018 in Dresden verstarb. Das Schlossmuseum des Verbundes Schlösserland Sachsen hat auf die große Popularität des Films mit der jährlichen Winterausstellung „Drei Haselnüsse für Aschenbrödel" reagiert. Sie rekonstruiert mit vielen originalen Exponaten und einem breiten Begleitprogramm die Geschichte des Films und seiner Akteure.

Postmeilensäule vor Schloss Moritzburg.

Freilich hat Schloss Moritzburg sehr viel mehr zu bieten als Märchen-Romantik. Das in eine malerische Wald- und Seenlandschaft eingebettete Jagdschloss geht auf Herzog Moritz zurück, der 1547 die Kurfürstenwürde für die albertinische Linie der Wettiner gewann. Der erste Bau, bereits mit vier Türmen und einer Rundmauer ausgestattet, wurde von 1542 bis 1546 im Stil der Renaissance errichtet und bekam später den Namen seines Erbauers. 1672 erhielt das Schloss eine Kapelle. Diese wurde nach dem Konfessionswechsel der Wettiner unter Kurfürst August dem Starken, der 1697 zum König von Polen aufstieg, katholisch umgeweiht.

Der legendäre Kurfürst-König August hielt sich gerne in Moritzburg auf und veranstaltete dort so manche aufwändige Festlichkeit. Schon bald entwickelte er

Schloss Moritzburg.

persönlich Pläne für den Umbau zum barocken Jagd- und Lustschloss. Von 1723 bis 1736 erfolgte deren Realisierung unter Regie des Baumeisters Matthäus Daniel Pöppelmann, der auch wesentlich für das glanzvolle barocke Elbflorenz der Augusteischen Epoche verantwortlich zeichnete. Auf der künstlich angelegten Insel und erhöht durch eine Terrasse entstand ein prächtiger barocker Schlossbau. Die markanten vier Ecktürme gehen im Kern auf den Vorgängerbau von Herzog Moritz zurück. Hinzu kommt die Bekrönung der Schlosskapelle, der gegenüber eigens ein Flügel für den Speisesaal des ess- und trinkfreudigen Monarchen angelegt wurde.

Später bezogen die Nachfolger Augusts des Starken, der vor allem das heutige Wildgehege Moritzburg für adlige Jagden nutzte, auch die nähere Umgebung des Schlosses stärker mit ein. Unter Kurfürst Friedrich August III. von Sachsen (reg. 1763–1823), der 1806 als Friedrich August I. zum ersten König von Sachsen erhoben wurde, entstand östlich von Schloss Moritzburg eine ausgedehnte Gartenlandschaft, verbunden mit einer großzügigen Sichtachse. Highlights sind das 1782 eingeweihte Fasanenschlösschen, das Marcolinihaus und der Venusbrunnen. Hafen und Leuchtturm mit Mole am Bärnsdorfer Niederen Großteich verleihen der romantischen Anlage eine maritime Note. Der unglückliche König, der durch seine Treue zu Napoleon 1815 mehr als die Hälfte des sächsischen Territoriums verlor, lebte gerne zurückgezogen im Fasanenschlösschen. Heute ist auch dieses als Museum mit kostbarer Ausstattung zugänglich.

23 Passion und Prestige
Porzellan Made in Dresden

1708 stellten Johann Friedrich Böttger und Ehrenfried Walther von Tschirnhaus in Dresden erstmals das begehrte Porzellan her. Zwei Jahre darauf begründete August der Starke im nahen Meißen die erste Porzellanmanufaktur Europas.

Kurfürst-König August der Starke bemühte sich auch um eine zeitgemäße Wirtschaftspolitik, die die einheimische Produktion steigern und Exporte erhöhen sollte. Die Gründung der Meissener Porzellanmanufaktur ragt hierbei zweifellos heraus. August war ein großer Liebhaber des Porzellans, das für viel Geld aus China und Japan importiert werden musste. Der Monarch, der sein Schloss Pillnitz ganz im modischen Chinoiserie-Stil erweitern ließ, baute auch im Sinne staatlicher Repräsentation eine ambitionierte Sammlung auf. Wie weit diese Leidenschaft ging, zeigt eine vielsagende Episode aus der sächsisch-preußischen Geschichte: 1717 tauschte August 600 Reiter seiner Armee gegen 151 Porzellangefäße mit chinesischer Blaumalerei von „Soldatenkönig" Friedrich Wilhelm I. in Berlin. Jene „Dragonervasen" sind noch heute in der Porzellansammlung des Zwingers zu bestaunen, während die preußische Militärmacht längst Geschichte ist.

Die „Erfindung" des europäischen Hartporzellans in Sachsen war allerdings wie so oft in der Geschichte eigentlich ein Zufall. 1701 holte August den Alchimisten und vermeintlichen Goldmacher Johann Friedrich Böttger nach Dresden, damit dieser die Staatskassen auf geheimnisvolle Weise füllte. Als faktischer Gefangener des Königs auf der Festung Königstein und im Gewölbe der Jungfernbastion unter der späteren Brühlschen Terrasse stellte der unglückliche Thüringer aus Schleiz gemeinsam mit Ehrenfried Walther von Tschirnhaus 1708 erstmals Porzellan her. August der Starke überwand so die Enttäuschung über das ausbleibende echte Gold und setzte voll auf sein „weißes Gold".

Am 23. Januar 1710 erfolgte per Dekret des Doppelmonarchen die Gründung der Königlich-Polnischen und Kurfürstlich-Sächsischen Porzellan-Manufaktur in Dresden. Diese wurde wenig später in die weitgehend leerstehende Albrechtsburg in Meißen verlagert, wo man auch das wertvolle Geheimnis der Herstellung besser bewahren zu können hoffte. Erster technischer Direktor wurde Johann Friedrich Böttger. Als Logo wählte man die blauen gekreuzten Schwerter der Kurfürsten. Einige Jahre konnte das Monopol in Europa erhalten werden, was neben der wirtschaftlichen Seite Sachsen einen hohen Prestigegewinn brachte. 1718 entstand jedoch nach der Flucht eines Mitarbeiters mit der Wiener Porzellanmanufaktur die erste Konkurrenz, der viele weitere meist fürstlich-staatliche Unternehmen folgten. Gleichwohl gilt das in Dresden aus der Taufe gehobene „Meissener" bis heute weltweit als Synonym für Porzellan schlechthin.

Denkmal für Johann Friedrich Böttger auf der Brühlschen Terrasse.

1863 zog die Manufaktur an ihren heutigen Standort in Meißen-Triebischtal um. Während die Produktion dort modernisiert wurde, konnte die Albrechtsburg aufwändig zum Museum vaterländischer Geschichte umgestaltet werden und sich zum historisch-touristischen Highlight in Sachsen entwickeln. Die Staatliche Porzellan-Manufaktur Meissen unter Obhut des Freistaates Sachsen ist heute ein moderner Campus mit Produktionsanlagen, Schauwerkstatt, Besucherzentrum samt Porzellan-Museum und S-Bahn-Anschluss nach Dresden. Dort werden gut zwei Jahrhunderte Porzellankunst eindrucksvoll präsentiert. Meissener Porzellan wird freilich in vielen großen Museen der Welt ausgestellt. Der Dresdner Zwinger mit seiner auf August den Starken zurückgehenden größten Spezialsammlung ragt dabei heraus. Auf der Brühlschen Terrasse, unter der einst Böttger in den Kasematten wirkte, erinnert seit 1982 die „Böttgerstele“ an den unglücklichen Erfinder. Die Sandsteinstele von Peter Makolies ziert ein Medaillon aus Meissener Porzellan mit dem Portrait Böttgers.

24 Glanz und Fall einer Mätresse
August der Starke und die Gräfin Cosel

Gräfin Cosel war die berühmteste Mätresse Augusts des Starken. An sie erinnert das Taschenbergpalais. Nach einigen Jahren als glanzvoller Mittelpunkt des Hofes fiel die Cosel in Ungnade und wurde 1716 auf die Burg Stolpen verbannt.

Am 31. März 1765 verstarb Anna Constantia Reichsgräfin von Cosel auf der Burg Stolpen. 49 Jahre hatte sie dort mehr oder weniger als Gefangene verbracht. Dies war das tragische Ende der einst so glanzvollen Erscheinung, der berühmtesten Mätresse von Kurfürst-König August dem Starken. Die 1680 geborene Anna Constantia von Brockdorff stammte aus einer norddeutschen Adelsfamilie. 1703 heiratete sie den kursächsischen Minister Adolph Magnus von Hoym. Ein Jahr später lernte August der Starke sie in Dresden beim Brand des Hoymschen Hauses in der Kreuzgasse kennen. Er verliebte sich auf der Stelle in die formvollendete Schönheit mit den schwarzen feurigen Augen und machte sie zu seiner offiziellen Mätresse.

Keine andere Frau verstand August so zu fesseln und sich auch reichlich Vorteile daraus zu verschaffen. Sie wurde 1706 vom Kaiser auf Bitten des Kurfürsten zur Reichsgräfin von Cosel ernannt und großzügig beschenkt. Baumeister Matthäus Daniel Pöppelmann errichtete für sie 1705 das prächtige Taschenbergpalais direkt neben dem Residenzschloss, wo sie an der Seite des Herrschers zum glanzvollen Mittelpunkt des sächsischen Hofes aufstieg. 1706 kaufte August der Starke Schloss Pillnitz zurück und schenkte es seiner Mätresse, mit der er drei Kinder zeugte.

Die Cosel sollte allerdings den Bogen überspannen. 1713 verbannte sie August nach Pillnitz, nachdem sie sich in die Politik eingemischt und eine gütliche Trennung abgelehnt hatte. Einer ihrer größten Triumphe wurde der Gräfin schließlich zum Verhängnis. 1705 hatte August der Starke nach langem Drängen eine Art Ehevertrag unterzeichnet. Dieser erklärte sie zur „Nebenfrau“ mit erheblichen Rechten. Hiermit verbunden waren eine stolze Pension, das Rittergut Pillnitz und für den Fall des Todes von Kurfürstin Christiane Eberhardine sogar die Aussicht auf eine Heirat. 1715 forderte der Kurfürst den geheimen Vertrag zurück, worauf die Gräfin Pillnitz unerlaubt verließ. In Preußen verhaftet und ausgeliefert, trat sie am 24. Dezember 1716 ihren Arrest in Stolpen an.

August der Starke zeigte sich jedoch wie bei allen seinen Mätressen großzügig. Die Gräfin konnte auf der 25 Kilometer östlich von Dresden gelegenen Burg standesgemäß leben, wofür das Zeughaus repräsentativ ausgebaut wurde. Erst 1743 zog sie, nachdem das Gebäude durch einen Blitzeinschlag ausgebrannt war, in den Johannisturm um, heute bekannt als Coselturm. Obwohl der Dresdner Hof im gleichen Jahr den Arrest aufhob, blieb die Gräfin auf Burg Stolpen wohnen und fand in der Burgkapelle ihre letzte Ruhestätte.

Gräfin Cosel residierte im Taschenbergpalais (rechts) direkt neben dem Residenzschloss.

Stolpen konnte zu diesem Zeitpunkt bereits auf eine lange Geschichte zurückblicken. Im 14. und 15. Jahrhundert war es neben Wurzen Hauptresidenz des Hochstiftes Meißen, des reichsfürstlichen Territoriums der Meißner Bischöfe um Wurzen, Mügeln, Stolpen und in der Lausitz. 1559 brachte Kurfürst August die strategisch wichtige Stadt an Sachsen. Zur schlossartigen Festung ausgebaut, besaß die Burg zeitweise beachtliche militärische Bedeutung. Im 19. Jahrhundert begann früh die touristische Erschließung, die Burg wurde fortan ein beliebtes Ausflugsziel der Dresdner. Heute erinnert ein Museum in der malerisch auf einem Basaltfelsen über der Stadt gelegenen Burg an deren berühmteste Bewohnerin und acht Jahrhunderte Geschichte eines bedeutenden Baudenkmals.

25 Der unglückliche König
Friedrich August I. und Napoleon

Der erste sächsische König Friedrich August I. gilt als tragische Figur. Während der napoleonischen Zeit hielt er dem Kaiser der Franzosen bis zur Völkerschlacht bei Leipzig 1813 die Treue und verlor mehr als die Hälfte seines Territoriums.

Nach den Turbulenzen und Rückschlägen des Siebenjährigen Krieges (1756–1763), der auch Dresden arg in Mitleidenschaft zog, gab es eine Phase der Konsolidierung. Unter Kurfürst Friedrich August III. (reg. 1763–1806, als Friedrich August I. 1806–1823 König von Sachsen) sorgte das „Sächsische Rétablissement“ (Wiederherstellung) für eine rasche Erholung. Wirtschaft, Gesundheitswesen und Bildung erhielten eine solide Basis. Wichtige Institutionen wie die Kunstakademie Dresden (1764) wurden aus der Taufe gehoben. Außenpolitisch war Kursachsen auf Konfliktvermeidung orientiert. So lehnte Friedrich August die von Warschau angebotene Erneuerung der Union mit Polen ab. Damit vermied er Auseinandersetzungen mit den Großmächten Preußen, Österreich und Russland, die 1772 Teile Polens annektierten und es 1793/95 gänzlich unter sich aufteilten.

Allerdings kamen erneut große Spannungen auf das Land zu. Das „lange 19. Jahrhundert“ zwischen Französischer Revolution 1789 und Erstem Weltkrieg (1914–18) war eine Zeit tiefgreifenden Wandels, der auch Sachsen und dessen Residenz Dresden in die bürgerliche, industriell-urbane Moderne führte. Am Beginn standen die französischen Revolutionskriege, für die mit der Pillnitzer Erklärung 1791 zwischen Preußen und Österreich der Grundstein gelegt wurde. Die Truppen Frankreichs hielten stand und erlangten unter Napoleon den Nimbus der Unbesiegbarkeit. Sachsen bekam dies als Verbündeter Preußens 1806 in der Schlacht von Jena und Auerstedt schmerzlich zu spüren, wurde dann aber von Napoleon wohlwollend behandelt. Nach dem Ende des Alten Reiches 1806 trat es dem Rheinbund bei, stieg zum Königreich auf und erhielt 1807 das Großherzogtum Warschau.

Der Russlandfeldzug 1812 leitete allerdings die Entscheidung gegen Napoleon ein, wobei Sachsen zum Hauptkriegsschauplatz wurde. In der Schlacht um Dresden am 26./27. August 1813 konnte Napoleon, der in der Elbestadt zum wiederholten Male Quartier genommen hatte, gegen die preußisch-österreichisch-russischen Alliierten einen seiner letzten Siege erringen. An die Kämpfe, bei denen das Ausflugslokal „Feldschlösschen“ zerstört wurde, erinnert auf der Räcknitzhöhe das Denkmal für den russischen General Jean-Victor Moreau nahe dem Bismarckturm. Wenig später standen sich die Alliierten und Napoleon in der Völkerschlacht bei Leipzig vom 16. bis 19. Oktober 1813 zum entscheidenden Kampf gegenüber. Mit bis zu 600.000 beteiligten Soldaten, von denen rund 100.000 fielen oder verwundet wurden, war dies eine der

Das Denkmal für König Friedrich August I. auf dem Schlossplatz.

größten Schlachten der Weltgeschichte. Die Alliierten siegten und zwangen Napoleon, sich aus Deutschland zurückzuziehen. Für Dresden endeten die Jahre mit Einquartierungen, Armut, Krankheit und Tod erst am 11. November 1813 mit der Kapitulation der französischen Besatzung in der belagerten Stadt.

An den Sieg über Napoleon erinnert das 1913 in Leipzig eingeweihte Völkerschlachtdenkmal. Für Sachsen verkörpert es aber keinen Triumph, da sich Friedrich August I. nicht zum Frontwechsel hatte durchringen können. Das junge Königreich gehörte deshalb zu den großen Verlierern des Wiener Kongresses 1815. Zeitweise gänzlich in seiner Existenz gefährdet, verlor es rund 57 Prozent seines Territoriums und 42 Prozent seiner Einwohner an Preußen. Dennoch wurde der König am 7. Juni 1815 bei seiner Rückkehr aus preußischer Gefangenschaft in seiner Residenzstadt mit Jubel empfangen und verkörperte gewissermaßen den trotzigen Stolz der Sachsen. 1843 errichteten die Dresdner Friedrich August dem Gerechten ein Denkmal, das heute auf dem Schlossplatz steht.

26 Ort der Freude
Schiller und Körner in Dresden

Christian Gottfried Körner ermöglichte Schiller als Mäzen eine unbeschwerte Zeit in Dresden. Hieran erinnert das Schillerhäuschen, in dem die Ode „An die Freude" entstanden sein soll. Später wirkte Schiller als Vorbild für Theodor Körner.

Der deutsche Nationaldichter Friedrich Schiller, neben Johann Wolfgang von Goethe einer der Heroen der Weimarer Klassik, führte zunächst ein unstetes Wanderleben. 1759 im württembergischen Marbach geboren, floh er 1782 aus dem bedrückenden Dienst als herzoglicher Militärarzt. Der Autor des Sturm-und-Drang-Stücks „Die Räuber" kam als Theaterdichter in Mannheim unter, 1785 lief der Vertrag jedoch aus. Erst die Unterstützung des Dresdner Juristen, Schriftstellers und Freimaurers Christian Gottfried Körner befreite Schiller von seinen existenziellen Sorgen. Anfangs in einem der Wohnsitze Körners in Leipzig ansässig, verbrachte der Dichter von 1785 bis 1787 zwei Jahre in Dresden. Die Gastfreundschaft seines Verehrers und Freundes bescherte Schiller eine unbeschwerte Zeit, die er unter anderem für die Fertigstellung des „Don Karlos" (1787) nutzte. Am 12. September 1785 hatte Schiller erstmals die Familie Körners besucht, die in der Neustadt wohnte. Das spätere Museum Körnerhaus befand sich am Kohlmarkt nahe dem Japanischen Palais. Neben Schiller waren dort auch andere große Künstler zu Gast, wie Wolfgang Amadeus Mozart und Goethe, der Dresden wegen seiner Kunstschätze gerne besuchte. Das Körner-Museum wurde jedoch wie viele andere Kulturdenkmale der Stadt in den Bombennächten vom Februar 1945 zerstört.

Ein weiterer Erinnerungsort an Schillers Dresdner Zeit ist erhalten geblieben. Das Schillerhäuschen in den idyllischen Weinbergen bei Loschwitz steht symbolisch als Ort der Freude für die Zeit des Dichters an der Elbe. Dort soll er 1785 seine Ode „An die Freude" vollendet haben, die in der Vertonung Ludwig van Beethovens zur Europahymne wurde. Jenes Stück Weltkultur wird auch als poetische Freundschaftserklärung an Körner gedeutet. Sicher belegt sind längere Sommeraufenthalte Schillers im Körner'schen Sommerwohnsitz am heutigen Körnerweg. Hinter dem Haus schloss sich an den Elbhängen ein Weinberg an, an dessen oberem Ende auf Höhe der heutigen Schillerstraße ein kleines Gartenhäuschen stand. Jenes Schillerhäuschen wurde bereits im 19. Jahrhundert zur Gedenkstätte erklärt und gilt heute als kleinstes Museum der Stadt Dresden. Wichtige Unterstützung für die Wiedereröffnung im 200. Todesjahr 2005 kam von der Bürgerstiftung Dresden und Germanisten der Technischen Universität. Auch wenn es nicht sicher belegt sein mag, dass Schiller in diesem malerischen Refugium an seiner Ode gearbeitet hat, so atmet es doch den Geist jener Zeit.

Schillerdenkmal am Albertplatz.

Auf der gegenüberliegenden Straßenseite vom Schillerhäuschen erinnert seit 1912 das Schiller-Körner-Denkmal an jene Freundschaft, die in die Kulturgeschichte einging. Es verweist zugleich auf die Vorbildfunktion Schillers für Theodor Körner, den Sohn seines Mäzens. Der populäre jugendliche Dichter der Befreiungskriege gegen Napoleon, 1813 als Angehöriger des Lützowschen Freikorps gefallen, gehörte zu den wichtigsten Identifikationsfiguren der deutschen Nationalbewegung. Als Kind hatte er den 1805 in Weimar verstorbenen Dichter noch bei Besuchen in Dresden persönlich erlebt. An Theodor Körner erinnert auch das repräsentative Bronzedenkmal von Ernst Hähnel auf dem Georgplatz, das 1871 eingeweiht wurde. Schiller ist neben vielen weiteren öffentlichen Würdigungen seit 1913 das Denkmal am Albertplatz von Selmar Werner gewidmet, der auch die nahen Brunnen „Stille Wasser" und „Stürmische Wogen" geschaffen hat. Nach dem frühen Tod von Sohn und Freund war es Christian Gottfried Körner vorbehalten, deren dichterisches Werk der Öffentlichkeit zugänglich zu machen. 1812/15 gab er die erste Gesamtausgabe der Werke Schillers heraus.

27 Dresdner Romantik
Malerei, Musik und Literatur um 1800

Dresden wurde in den Jahrzehnten um 1800 zu einem Mittelpunkt der kulturellen Romantik in verschiedenen Kunstgattungen von Malerei und Musik bis hin zur Literatur. Hieran erinnert das Kügelgenhaus – Museum der Dresdner Romantik.

Die Hauptstraße der Neustadt war unter Kurfürst und König August dem Starken prächtig im barocken Stil ausgestattet worden. Von der ursprünglichen Bausubstanz ist jedoch nach Krieg und Wiederaufbau in der DDR nur wenig geblieben. Als „Goldener Reiter" sprengt August von seinem berühmten Denkmal am Südende der Straße auf eine überwiegend von sanierten Plattenbauten gesäumte Platanenallee zu. Einige wenige Gebäude aus dem Augusteischen Zeitalter sind jedoch auf der Westseite bis zur Dreikönigskirche zu finden. Zu diesem Ensemble repräsentativer Bürgerhäuser zählt das Kügelgenhaus, benannt nach dem einst hier ansässigen Maler Gerhard von Kügelgen. 1699 als dreigeschossiges Gebäude eingeweiht, wurde das Haus später aufgestockt und mit einem Türmchen versehen. Wegen des markanten Schriftzugs unterhalb des Dachsimses „An Gottes Segen ist alles gelegen" war auch vom Haus „Gottessegen" die Rede. Im Zuge der Wiederbebauung von Neustädter Markt und Hauptstraße von 1974 bis 1980 wurde das Kügelgenhaus rekonstruiert.

Seit 1981 macht das Kügelgenhaus – Museum der Dresdner Romantik auf die große Bedeutung der Residenzstadt für das deutsche Kulturleben um 1800 aufmerksam, insbesondere auf die Frühromantik in verschiedenen Kunstgattungen. Zunächst begegnet man in zeittypischer Ausstattung und Möblierung Gerhard von Kügelgen, der hier von 1808 bis 1820 mit seiner Familie lebte und arbeitete. Sinnfällig erinnert hieran das wieder eingerichtete Atelier des Malers, der mit vielen großen Künstlern im Austausch stand. Dort saß auch Johann Wolfgang von Goethe Modell. Als Gast beobachtete er am 24. April 1813 am Fenster der Wohnung Kügelgens im zweiten Stock den historischen Moment des Einmarsches von Zar Alexander I. von Russland und König Friedrich Wilhelm III. von Preußen, der das Ende der Napoleonischen Epoche ein gutes halbes Jahr später ankündigte. Ein lebendiges Bild des gesellschaftlichen Lebens im Hause mit seinen anregenden Gesprächen über Kunst, Geschichte und die Themen einer bewegten Zeit zeichnete später Kügelgens Sohn, der Maler Wilhelm von Kügelgen, in seinen „Jugenderinnerungen eines Alten Mannes" (1870).

Neben Kügelgen und Goethe wird auch der Mäzen Christian Gottfried Körner vorgestellt, ein Freund Friedrich Schillers. Der zweite der späteren Heroen der Weimarer Klassik verbrachte dank Körner von 1785 bis 1787 eine unbeschwerte Zeit in Dresden, in der er die Ode „An die Freude" fertiggestellte. Es folgen bedeutende Künstler der Romantik. Hierzu zählt mit Caspar David Friedrich

Kügelgenhaus – Museum der Dresdner Romantik in der Neustädter Hauptstraße.

der romantische Maler schlechthin, der die längste Zeit seines Lebens in Dresden verbrachte, als Professor der Kunstakademie wirkte und mit Kügelgen befreundet war. Friedrichs Werke gehören zu den Highlights in der Galerie Neue Meister im Albertinum, der „Tetschener Altar“ (1808) gilt geradezu als Ikone der Romantik. Dort finden sich auch Bilder von Carl Gustav Carus mit romantischen Motiven aus Dresden und seiner Umgebung bis hin zur Sächsischen Schweiz. Carus war zugleich bedeutender Mediziner und Namensgeber des heutigen Universitätsklinikums. Aus der Welt der Musik sind die Komponisten und Hofkapellmeister Carl Maria von Weber und Richard Wagner sowie Clara und Robert Schumann vertreten. Nicht zuletzt werden Schriftsteller wie Friedrich Schlegel und Ludwig Tieck gewürdigt. Tieck lebte von 1819 bis 1842 in Dresden und war Mittelpunkt eines lebendigen Kulturkreises. Legendären Ruf erlangten die dramatischen Vorlesungen in seiner Wohnung am Altmarkt. Tieck wirkte auch als Dramaturg des Hoftheaters und verfasste in Dresden zahlreiche seiner Novellen.

28 Dresdner Romantiker
Die Geburt der Sächsischen Schweiz

Die Sächsische Schweiz erhielt ihren Namen im 18. Jahrhundert von den Dresdner Akademie-Mitgliedern Zingg und Graff. Durch Romantiker wie Caspar David Friedrich weiter idealisiert, ist sie eines der touristischen Highlights im Raum Dresden.

Stolz führt der nördliche Teil des Elbsandsteingebirges den Namen Sächsische Schweiz. Jenes vom mächtigen Elbe-Strom durchzogene Gebirge zwischen Erzgebirge und Lausitzer Bergland mit seinen markanten Sandsteinfelsen gilt als eine der romantischsten Landschaften Deutschlands. Allerdings erfreut sich die Region im heutigen Landkreis Sächsische Schweiz-Osterzgebirge erst seit gut zwei Jahrhunderten dieser großen Wertschätzung bei Besuchern aus nah und fern. Den Anfang machten tatsächlich zwei Schweizer. Die Künstler Adrian Zingg und Anton Graff waren 1766 an die zwei Jahre zuvor von Kurfürst Friedrich August III. gegründete Kunstakademie Dresden berufen worden. Das Elbsandsteingebirge erinnerte sie an ihre Heimat, worauf sie von der „Sächsischen Schweiz" zu sprechen begannen. Zuvor war meist vom Meißner Hochland oder Oberland die Rede.

Einheimische wie der Pfarrer Wilhelm Leberecht Götzinger machten den Begriff populär und begannen im späten 18. Jahrhundert mit der touristischen Erschließung, der die relative Nähe zu Dresden zugutekam. Nach 1800 begeisterten sich in Nachfolge barocker Künstler wie Canaletto und Alexander Thiele auch viele der im Elbflorenz ansässigen Romantiker für die Naturschönheiten des Elbsandsteingebirges. Neben Caspar David Friedrich, dem romantischen Maler schlechthin, zählten hierzu Ludwig Richter und Carl Gustav Carus, von denen sich viele Werke in der Galerie Neue Meister im Albertinum und in den großen Museen der Welt finden. Eines der Meisterwerke der Romantik, Caspar David Friedrichs „Wanderer über dem Nebelmeer" (1818), stellt sogar eine Kollage aus verschiedenen Motiven des Gebirges dar.

Hofkapellmeister Carl Maria von Weber ließ sich vom Elbsandsteingebirge für seine Oper „Der Freischütz" (1821) inspirieren, die als erste deutsche Nationaloper gilt und enorme Popularität erlangte. Das Vorbild für die Wolfsschlucht-Szene fand er in der Nähe von Rathen, wo heute auf der Felsenbühne neben den Klassikern von Karl May auch der Freischütz aufgeführt wird. Hofkapellmeister Richard Wagner holte sich ebenfalls „in der reizendsten Gegend" viele Anregungen, woran in Graupa bei Pirna das „Lohengrinhaus", das Jagdschloss mit einem Wagner-Museum und ein gewaltiges Denkmal im Liebethaler Grund erinnern. Die Sächsische Schweiz hat seither nichts von ihrem Reiz eingebüßt. Millionen lassen sich verzaubern von den großen Tafelbergen wie Königstein und Lilienstein, von den bizarren Felsen, den Schluchten und Klammen. Die bekannteste Felsformation ist die Bastei mit ihrer

Die Basteibrücke in der Sächsischen Schweiz.

Sandsteinbrücke von 1851 hoch über dem Elbtal zwischen Stadt Wehlen und Rathen.

Die Mischung aus herrlicher Natur, romantischer Idealisierung und moderner Erschließung im Industriezeitalter machte die Sächsische Schweiz zur florierenden Tourismusregion. Schon im 19. Jahrhundert waren die beliebten Erholungsorte im Elbtal von Stadt Wehlen und Rathen über Königstein und Bad Schandau bis Schmilka per Dampfschiff und Eisenbahn gut erreichbar. Nebenstrecken wie die von Bad Schandau ausgehende Sebnitztalbahn und Kirnitzschtalbahn sind mittlerweile Tourismusattraktionen. In jüngerer Vergangenheit wurde die Region an das Dresdner S-Bahn-Netz angeschlossen, neue Straßen, Autobahnen, aber auch Radwege machen sie noch leichter erreichbar. Seit 1990 hat die Sächsische Schweiz als Nationalpark weiter an Anziehungskraft gewonnen, die durch enge Zusammenarbeit mit dem Nationalpark Böhmische Schweiz verstärkt wird.

29 Begründer der deutschen Nationaloper
Carl Maria von Weber

Carl Maria von Weber gilt mit der in Dresden entstandenen Oper „Der Freischütz" (1821) als Begründer der deutschen Nationaloper. Von 1817 bis 1826 wirkte er hier als Hofkapellmeister, woran das Carl-Maria-von-Weber-Museum erinnert.

Die 1821 in Berlin uraufgeführte Oper „Der Freischütz" (1821) von Carl Maria von Weber war ein riesiger Publikumserfolg. Die auf einer alten Volkssage beruhende Geschichte vom Jägerburschen Max, der sich aus Liebe zur Förstertochter Agathe der Zauberei ergibt und in der Wolfsschlucht Freikugeln gießt, galt schon den Zeitgenossen als Muster einer sich von italienischer und französischer Vorherrschaft emanzipierenden deutschen Oper. Die „Allgemeine Musikalische Zeitung", eines der maßgeblichen Fachorgane des 19. Jahrhunderts, urteilte: „Webers Freischütz ist aber auch eine echt deutsche Oper. Ja, man kann in gewisser Hinsicht sagen, sie hat in sich selbst die erste in jeder Beziehung rein deutsche Nationaloper hingestellt." Auszüge aus der Oper wie das Brautlied „Wir winden dir den Jungfernkranz" wurden zu wahren Gassenhauern, wie Heinrich Heine spöttisch anmerkte. Neben zahllosen Inszenierungen gab es so auch Parodien, die freilich die Popularität des von der Romantik geprägten Werkes eher noch stärkten.

Zu den spektakulärsten Aufführungen des „Freischütz" zählte fraglos die vom 13. Februar 1985 in der Dresdner Semperoper. In Anwesenheit von SED-Generalsekretär Erich Honecker wurde der genau vier Jahrzehnte zuvor im Krieg zerstörte Musentempel nach aufwändiger Rekonstruktion feierlich wiedereröffnet. Die Wahl des Stückes war kein Zufall. Vielmehr ist kein Publikum so eng mit ihm verbunden wie das Dresdner. Zwar erlebte die Oper an der Spree ihre Uraufführung, entstanden ist sie aber an der Elbe. Von 1817 bis 1826 wirkte Weber als Hofkapellmeister in der königlichen Residenz und sollte hier die deutsche Oper fördern. Gemeinsam mit dem Dresdner Schriftsteller Friedrich Kind, der das Libretto beisteuerte, entstand so das Vorbild für viele deutsche Opern. Auch der musikalische Revolutionär und spätere Amtsnachfolger Richard Wagner, der Weber noch als Kind in Dresden erlebt hatte, schätzte den Begründer der deutschen Nationaloper.

Der 1786 im holsteinischen Eutin geborene Komponist war jedoch von zarter Gesundheit und litt an Tuberkulose. Er verstarb bereits 1826 auf einer Konzertreise in London. 1844 wurden seine Gebeine auf Initiative Wagners unter großer öffentlicher Anteilnahme nach Dresden auf den 1724 eingeweihten Alten Katholischen Friedhof in der Friedrichstadt überführt. Die Grabstätte gestaltete Akademie-Professor Gottfried Semper, dessen glanzvolles Hoftheater drei Jahre zuvor eingeweiht worden war. Dem hoch verehrten Musiker widmete man 1858 ein repräsentatives Bronzedenkmal auf dem

Das Carl-Maria-von-Weber-Denkmal von Ernst Rietschel am Zwinger (1858).

Theaterplatz am Zwinger. Geschaffen hat es mit Ernst Rietschel einer der führenden Bildhauer der Zeit, ebenfalls Professor an der Kunstakademie. Heute führt zudem die traditionsreiche Hochschule für Musik den Namen des „Freischütz"-Schöpfers.

Während das einstige Wohnhaus am Dresdner Altmarkt längst verschwunden ist, erinnert das Carl-Maria-von-Weber-Museum in Hosterwitz bei Pillnitz an den großen Komponisten. Als authentischer Lebens- und Wirkungsort sowie einziges Weber gewidmetes Museum zählt es zu den Highlights der Museen der Stadt Dresden. Im malerischen Winzerhaus aus dem 18. Jahrhundert verbrachte der Hofkapellmeister samt Familie glückliche Sommermonate. Hier waren wichtige geistige Weggenossen wie Friedrich Kind, Musiker Johann Nepomuk Hummel und der Romantik-Dichter Ludwig Tieck zu Gast, hier entstanden zahlreiche Opern, Lieder und Kammermusik. Für den „Freischütz" mag Weber manche Anregung in den romantischen Tälern der Berge oberhalb von Pillnitz und in der nahen Sächsischen Schweiz empfangen haben. Das Vorbild für die berühmte Wolfsschlucht-Szene wird meist in der Nähe von Rathen verortet, wo auf der Felsenbühne neben den Klassikern von Karl May auch „Der Freischütz" zur Aufführung kommt.

30 Musikalischer Revolutionär
Richard Wagner

Richard Wagner ist einer der bedeutendsten deutschen Musiker, dessen Wurzeln in Sachsen liegen. Seit 1843 Hofkapellmeister in Dresden, wo wichtige Werke uraufgeführt wurden, musste er die Stadt nach dem Maiaufstand 1849 fluchtartig verlassen.

Richard Wagner gilt es einer der bedeutendsten und zugleich umstrittensten deutschen Musiker. Als Komponist, Dramatiker, Dichter, Schriftsteller, Theaterregisseur und Dirigent hat er Kulturgeschichte geschrieben. Seine Musikdramen gaben dem Europa des 19. Jahrhunderts völlig neue Impulse, die teils bis in die Moderne nachwirken. Wagner machte die Oper zum Gesamtkunstwerk, das er in all seinen Facetten selbst erarbeitete. Mit den Bayreuther Festspielen schuf er eigens für seine Opern-Zyklen eine jährliche Veranstaltungsreihe, die nach wie vor ein gesellschaftliches Ereignis von nationalem Rang darstellt. Freilich sind die im damaligen Zeitgeist verwurzelten heldisch-germanischen Grundmuster seiner Werke heute differenzierter zu betrachten. Das gilt nicht zuletzt für seinen ausgeprägten Antisemitismus, der unter anderem mit der Schrift „Das Judenthum in der Musik" (1850/69) weite Verbreitung fand und auf den sich später auch die Nationalsozialisten beriefen.

Die biographischen und künstlerischen Wurzeln Richard Wagners liegen in Sachsen, der diese Herkunft Zeit seines Lebens nie verleugnete. Er wurde am 22. Mai 1813, wenige Monate vor der verheerenden Völkerschlacht, in Leipzig geboren. Mehrfach durch private Wechselfälle bedingt, spielten sich Kindheit und Jugend vor allem zwischen Dresden und Leipzig ab. An der Elbe besuchte er die Kreuzschule, heute Evangelisches Kreuzgymnasium und Schule der Kruzianer-Knaben des berühmten Kreuzchors. Sie gilt als eine der ältesten Schulen Deutschlands, für die schon um 1300 ein Schulmeister erwähnt wird. Obwohl eine städtische Schule, war sie bis hin zum Namen eng verbunden mit der Kreuzkirche, wo Richard Wagner 1827 konfirmiert wurde. In der sächsischen Residenz erhielt zudem seine Liebe zur Musik früh Nahrung durch Carl Maria von Weber, Schöpfer der Erfolgsoper „Der Freischütz" (1821) und von 1817 bis 1826 Hofkapellmeister.

Ab 1829 verschrieb sich Wagner in Leipzig ganz der Musik. Nach dem dortigen Musikstudium und ersten praktischen Erfahrungen folgten verschiedene Wirkungsstätten von Königsberg bis Paris. 1843 wurde er schließlich einer der Nachfolger seines großen Vorbildes Carl Maria von Weber als Hofkapellmeister in Dresden. Das kulturfreudige Elbflorenz sollte zum Ort seiner ersten großen Erfolge werden. Hier kamen wichtige Werke zur Uraufführung, wie „Rienzi" (1842), „Der Fliegende Holländer" (1843) und „Tannhäuser" (1845). Wagners Wirkungsstätte war das prunkvolle neue Opernhaus Gottfried Sempers, das kurz vor seinem Amtsantritt 1841 feierlich eröffnet worden war.

Die Semperoper war die Wirkungsstätte von Hofkapellmeister Richard Wagner.

Die glänzende Dresdner Zeit fand jedoch mit der Revolution 1848/49 ein dramatisches Ende. Wagner, aufgeschlossen für demokratische Gedanken, gehörte mit seinem Freund Semper und dem russischen Anarchisten Michail Bakunin zu den Teilnehmern des Dresdner Maiaufstandes 1849, der vom sächsischen und preußischen Militär blutig niedergeschlagen wurde. Steckbrieflich gesucht, gelang dem Revolutionär auch unter Vermittlung seines in Weimar tätigen Freundes Franz Liszt die Flucht. Von nun an führte der weitere Lebensweg weg aus Dresden, in dessen Nähe man im Jagdschloss Graupa und mit einem Denkmal im Liebethaler Grund an das Kapitel Richard Wagner erinnert. Nach Jahren in Zürich und weiteren Stationen fand er in der Festspielstadt Bayreuth im Bayern von „Märchenkönig" Ludwig II. sein Ziel, ehe er 1883 auf Reisen in Venedig verstarb.

31 Meister des Historismus
Gottfried Semper

Gottfried Semper zählt zu den bedeutendsten Architekten des 19. Jahrhunderts. Der Meister des Historismus setzte mit Semperoper und Sempergalerie Meilensteine der Neorenaissance. Nach dem Maiaufstand 1849 musste er jedoch aus Dresden fliehen.

Gottfried Semper gehört neben Karl Friedrich Schinkel zu den bedeutendsten deutschen Architekten des 19. Jahrhunderts. Die Stilrichtung des Historismus mit dem kunstgeschichtlich reflektierten und kreativen Aufgreifen historischer Kunstepochen wurde maßgeblich von ihm mitgeprägt. Besonders für die Neorenaissance hat der Dresdner Akademie-Professor mit dem Ensemble von Semperoper und Gemäldegalerie am Theaterplatz Meilensteine gesetzt. Gottfried Sempers biografische Wurzeln liegen an der Elbe, allerdings gut 400 Kilometer stromabwärts. Er wurde 1803 als Sohn eines Fabrikanten in Hamburg geboren. Nach bewegten Jugendjahren und der Ausbildung zum Baumeister erhielt er 1834 die Berufung als Professor der Baukunst an die Königliche Akademie der bildenden Künste zu Dresden. Neben seiner Lehrtätigkeit entwarf und verwirklichte er eine Reihe repräsentativer Bauten. Wegen der aktiven Beteiligung am Dresdner Maiaufstand 1849, bei dem Semper sein Fachwissen in den Barrikadenbau einfließen ließ, musste er jedoch wie Hofkapellmeister Richard Wagner aus Sachsen fliehen. An seinen weiteren Wirkungsorten London, Zürich und Wien hinterließ Semper eindrucksvolle architektonische Spuren. 1879 verstarb er auf einer Italienreise in Rom.

Nur selten sind bedeutende Bauwerke wie Theater und Museen nach ihrem Architekten benannt worden. Das 1841 errichtete und nach einem Brand 1878 erneut eingeweihte prunkvolle Opernhaus der Residenzstadt ist weltweit als Semperoper ein Begriff. Die 1854 nach Sempers Entwürfen fertiggestellte Gemäldegalerie Alte Meister am Zwinger wird weithin als Sempergalerie bezeichnet. Allerdings lieferte der geflohene Revolutionär für den zweiten, von seinem Sohn Manfred Semper betreuten Opernbau nach dem Brand von 1869 nur die Entwürfe, ohne selbst nach Dresden zurückzukehren. Während die Meisterwerke am Theaterplatz wieder in altem Glanze erstrahlen, ist ein anderer Semperbau durch die Verbrechen des Nationalsozialismus aus dem Stadtbild verschwunden. Am 9. November 1938 wurde die 1840 errichtete neoromanische Synagoge der jüdischen Gemeinde in der Reichspogromnacht zerstört. An deren Stelle befindet sich seit 2001 die Neue Synagoge.

Die 1764 gegründete Kunstakademie war und ist bis heute ein wichtiges Rückgrat der Kulturstadt Dresden. 1894 erhielt sie auf der Brühlschen Terrasse ihre monumentale klassizistische Heimstatt mit der markanten Glaskuppel, im Volksmund auch als „Zitronenpresse“ tituliert. Aus der Akademie ging die

Das Semperdenkmal an der Kunstakademie.

Hochschule für Bildende Künste Dresden hervor. An der angesehenen Einrichtung wirkten zur Zeit Sempers viele bedeutende Künstler, wie der Bildhauer Ernst Rietschel. Der Schöpfer des König-Friedrich-August-Denkmals (1843) und Carl-Maria-von-Weber-Denkmals (1858) in Dresden sowie des weltberühmten Goethe-Schiller-Denkmals in Weimar (1857) gilt als einer der renommiertesten Vertreter seines Fachs im 19. Jahrhundert. Das Luther-Denkmal vor der Frauenkirche (1885) ist ein Abguss des Wormser Reformationsdenkmals von Rietschel. Die beiden großen Künstler, Baumeister Semper und Bildhauer Rietschel, wurden auf der Brühlschen Terrasse auch selbst durch Bronzedenkmale geehrt. Sie flankieren dort ihre einstige Wirkungsstätte. Rietschels Denkmal mit Büste und allegorischen Figuren findet sich seit 1876 vor der westlich anschließenden Sekundogenitur, Semper kam mit der Einweihung des Akademie-Neubaus 1894 am Treppenaufgang zum benachbarten Albertinum zu stehen.

32 Einigkeit und Recht und Freiheit
Die Revolution 1848/49

Die Revolution von 1848/49 hatte einen Nationalstaat und Freiheitsrechte zum Ziel. Mit der Ablehnung der Paulskirchenverfassung durch den preußischen König fand diese jedoch ein Ende. In Dresden führte das zum blutigen Maiaufstand 1849.

Obwohl Sachsen der große Verlierer des Wiener Kongresses 1815 war, wurde König Friedrich August I. bei seiner Rückkehr aus preußischer Gefangenschaft von den Dresdnern jubelnd empfangen. Auch seinen Nachfolgern gelang es bis zur Novemberrevolution 1918, der wettinischen Monarchie noch für ein Jahrhundert die nötige Akzeptanz in der Bevölkerung zu erhalten. Politisch wurde das Land zunächst im Übereinklang mit dem Österreich des Fürsten Metternich konservativ ausgerichtet. Nach der Revolution von 1830, die besonders in der Residenz Dresden ein lebhaftes Echo hervorrief, folgten eine neue konstitutionelle Verfassung, Staatsreformen und die Einführung der kommunalen Selbstverwaltung. Die Wettiner verstanden sich fortan eher als Repräsentanten des Landes, die sich aus der Tagespolitik heraushielten.

Die Dresdner Bürgerschaft konnte seit Langem gut mit dem prägenden Profil als Residenzstadt leben, zumal viele, vom Tagelöhner und Handwerker bis zum Künstler und Beamten, auch persönlich von den Bedürfnissen des Hofes abhingen. Dennoch blieb die Stadt nicht von den politischen Entwicklungen der Zeit unberührt. Eine zentrale Forderung seit den Befreiungskriegen war die nach einem einigen deutschen Vaterland. Der 1815 errichtete Deutsche Bund mit seinen weitgehend unabhängigen Mitgliedern entsprach keineswegs diesem Idealbild. Die liberale Nationalbewegung verstand den Nationalstaat als äußere Form, in der ihre Vorstellungen eines modernen Verfassungs- und Rechtsstaates verwirklicht werden sollten. August Heinrich Hoffmann von Fallersleben hat dies 1841 in seinem „Lied der Deutschen“ mit der Forderung nach „Einigkeit und Recht und Freiheit“ programmatisch formuliert.

Die Nationalbewegung erreichte ihren Höhepunkt in der Revolution von 1848/49, zu der gerade in Sachsen die sozialen Schattenseiten der frühen Industrialisierung mit beitrugen. Im März 1848 sah sich auch der sächsische König Friedrich August II. in Dresden mit den „Märzforderungen“ von Presse- und Versammlungsfreiheit bis hin zur Ablösung feudaler Relikte konfrontiert. Eine neue liberale Regierung erfüllte die meisten Forderungen, worauf die Entwicklung zunächst in relativ ruhigen Bahnen verlief. Die liberale Mehrheit des Bürgertums, das vom wirtschaftlichen Aufschwung profitierte, strebte einen Kompromiss mit dem Monarchen an. Es gewannen aber auch Vertreter der republikanischen Richtung an Einfluss. In Dresden gehörte hierzu der Jurist und demokratische Oppositionsführer im Landtag Samuel Erdmann Tzschirner.

Am Albertinum auf dem heutigen Tzschirnerplatz begann am 3. Mai 1849 der Dresdner Maiaufstand.

In der seit Mai 1848 in der Frankfurter Paulskirche tagenden Nationalversammlung wurde unterdessen die Verfassung des deutschen Nationalstaates ausgearbeitet. Mit deren Ablehnung durch den preußischen König Friedrich Wilhelm IV. im April 1849 fand die Revolution jedoch ein erfolgloses Ende. Das führte zum Dresdner Maiaufstand vom 3. bis 9. Mai 1849 als blutigem Höhepunkt der Revolution in Sachsen. Friedrich August II. hatte die Paulskirchenverfassung ebenfalls abgelehnt, den Landtag aufgelöst und ein konservatives Kabinett berufen. Hierauf kam es in Dresden zum bewaffneten Aufstand von Kommunalgarde und Bürgern. Im Rathaus am Altmarkt konstituierte sich eine provisorische Regierung um Demokraten wie Tzschirner; König und Regierung mussten auf die Festung Königstein flüchten. Sächsische und herbeigerufene preußische Truppen schlugen den Aufstand in viertägigen erbitterten Straßenkämpfen nieder, wobei es bis zu 300 Todesopfer gab. Zu den flüchtigen Anführern der revolutionären Bewegung gehörten der Anarchist Michail Bakunin, Hofkapellmeister Richard Wagner und Baumeister Gottfried Semper.

33 Motor des Industriezeitalters
Die Eisenbahn

Im Industrieland Sachsen wurde die erste deutsche Ferneisenbahnstrecke Dresden–Leipzig eingeweiht, die erste Lokomotive gebaut und das dichteste Schienennetz angelegt. Verkehrs- und Eisenbahnmuseum erinnern hieran.

Im Jahr 1956 wurde inmitten einer kaum beräumten Trümmerlandschaft das Verkehrsmuseum Dresden im Johanneum eröffnet. Der barocke Anbau des Residenzschlosses hatte einst Kurfürsten und Königen als Marstall, Gemäldegalerie und Museum gedient. Initiatoren waren die heute zur Technischen Universität Dresden gehörende Hochschule für Verkehrswesen und das DDR-Verkehrsministerium, in dessen Trägerschaft das Museum 1958 überging. Nach 1990 wurde es ein Landesmuseum des Freistaates Sachsen. Von Beginn an konnte man hier einen Rundgang durch die Geschichte der Fortbewegungsmittel zu Erde, Wasser und Luft mit vielen Exponaten und detailfreudigen Modellen unternehmen. Der Reigen reicht vom Pferdefuhrwerk bis hin zum ersten deutschen Passagierdüsenflugzeug Typ 152, mit dem in Dresden in den 1950er-Jahren eine DDR-Flugzeugindustrie aufgebaut werden sollte.

Zu den Highlights zählt der Nachbau der ersten deutschen Dampflok „Saxonia“ von Johann Andreas Schubert aus dem Jahr 1838. Das imposante Dampfross besitzt hohen Symbolwert für Sachsen, wo Meilensteine der Entwicklung in Deutschland gesetzt wurden. Schubert war Direktor der Technischen Bildungsanstalt, Vorläufer der TU Dresden, und Mitbegründer der Maschinenbau-Anstalt Übigau, wo 1837 mit der „Königin Maria“ das erste Dampfschiff auf der Oberelbe vom Stapel gelaufen war. Mit seiner ebenfalls dort gebauten Lokomotive nahm er an der Jungfernfahrt der ersten deutschen Ferneisenbahnstrecke Leipzig–Dresden am 8. April 1839 teil. Dieses bahnbrechende Projekt hatte der Nationalökonom Friedrich List angeschoben. Innerhalb weniger Jahrzehnte entstand der Eisenbahnknoten Dresden mit weiteren zentralen Achsen, wie 1847 nach Görlitz (später bis Breslau), 1851 nach Bodenbach (Děčín) und Prag, 1862 nach Chemnitz und 1875 nach Berlin. Mit der Marienbrücke wurden 1852 die von eigenen Bahnhöfen ausgehenden Strecken nördlich und südlich der Elbe miteinander verbunden.

Die rasant wachsende Industriestadt Dresden nahm damit eine herausgehobene Position in Sachsen ein. Um 1900 besaß dieses das dichteste Streckennetz Deutschlands. Die Eisenbahn hat zwar seither viel von ihrer einstigen Vorreiterrolle für das Industriezeitalter verloren. Gleichwohl ist sie weiterhin ein Rückgrat des modernen Nah- und Fernverkehrs. Das gilt etwa für das leistungsfähige Dresdner S-Bahn-Netz mit seinen Strecken bis Meißen, Freiberg, Pirna und in die Sächsische Schweiz. Von der großen Zeit der Eisenbahn künden zudem als „Kathedralen der Moderne“ die beiden Fernbahnhöfe. Der Hauptbahnhof wurde 1848 als Böhmischer Bahnhof eingeweiht und erhielt 1898 seine heutige

Der Hauptbahnhof ist das Herzstück des Eisenbahnknotens Dresden.

Form. Dabei übernahm er den Personenverkehr des Berliner Bahnhofs (1875), der sich zum Güterbahnhof Dresden-Friedrichstadt wandelte. Der Bahnhof Dresden-Neustadt bündelte 1901 die nördlichen Strecken und ersetzte den Leipziger Bahnhof (1839) und Schlesischen Bahnhof (1847). Als Erinnerungsort tritt das Eisenbahnmuseum im Bahnbetriebswerk Dresden-Altstadt dem Verkehrsmuseum an die Seite.

Für die einstige hohe Streckendichte stehen auch die Schmalspurbahnen, die sich zu touristischen Zugpferden entwickelten. Nicht nur unter Eisenbahn-Enthusiasten gilt Sachsen als „Dampfbahnland", in dem die Nachfolger der „Saxonia" noch immer geräuschvoll ihre historischen Waggons ziehen. Zu den beliebtesten Strecken zählt die Lößnitzgrundbahn Radebeul–Moritzburg–Radeburg unweit von Dresden. Ein Bahnhof ging sogar in die Musikgeschichte ein. Die deutsche Version des populären Glenn-Miller-Klassikers „Chattanooga Choo Choo" machte 1947 als „Kötzschenbroda-Express" („Verzeih'n Sie, mein Herr, fährt dieser Zug nach Kötzschenbroda") den Namen des Radebeuler Stadtteils in ganz Deutschland bekannt. In der Nachkriegszeit endeten wegen der Bombenschäden in Dresden die Züge aus Berlin in Kötzschenbroda. Die Melodie dürfte den meisten heutigen Zeitgenossen durch Udo Lindenbergs „Sonderzug nach Pankow" von 1983 vertraut sein.

34 Rasantes Wachstum
Die Industriegroßstadt

Dresden entwickelte sich im Industriezeitalter zur Großstadt, die 1914 mit 550.000 Einwohnern an sechster Stelle in Deutschland rangierte. Die Stadt dehnte sich rasant ins Umland aus, wobei es zur Modernisierung der Infrastruktur kam.

Mit der Reichsgründung 1871 kam die Industrialisierung in Deutschland voll zum Durchbruch. Das Königreich Sachsen entwickelte sich als Musterland des Industriezeitalters zur Region mit der höchsten Einwohner- und Städtedichte sowie dem dichtesten Eisenbahnnetz. Schon 1839 war die erste Ferneisenbahn von Leipzig nach Dresden eingeweiht worden, das sich fortan zum wichtigen Eisenbahnknoten entwickelte. Seit 1836 verkehrte die Sächsische Dampfschifffahrt auf der Elbe. Allerdings wurde die wettinische Residenz kein Zentrum der Schwerindustrie, sondern brachte vor allem Unternehmen der Feinmechanik, Optik und Fotochemie hervor. Auch Lebensmittel, Gebrauchsgüter und Luxusartikel traten ihren Siegeszug an. So manche Innovation stammte aus Dresden, wie Zahnpasta, Kaffee-Filtertüte und Odol-Mundwasser. Die Molkerei Pfund revolutionierte die Milchversorgung. Die Stadt gab darüber hinaus Wissenschaft und Technik nachhaltige Impulse. 1828 als Technische Bildungsanstalt gegründet, ging aus der Technischen Hochschule (1890) mit der TU Dresden (1961) eine der deutschen Elite-Universitäten hervor.

Die Industrialisierung brachte auch einen epochalen Wandel des äußeren Erscheinungsbildes von Dresden, das bereits 1852 die 100.000-Einwohner-Marke überschritten und den Status einer Großstadt erreicht hatte. Während Sachsen seine Einwohnerzahl von 1871 bis 1914 von 2,6 auf 5 Millionen verdoppelte, wuchs dessen Hauptstadt sogar von 180.000 auf 550.000 Einwohner. Dresden war damit die sechstgrößte Stadt des Reiches nach Berlin, Hamburg, München, Köln und Leipzig. Es dehnte sich unter großzügigen Eingemeindungen besonders rund um den historischen Stadtkern und in der südöstlichen Elbaue aus. Neben dem Gründerzeitgürtel mit seiner geschlossenen Wohn- und Wirtschaftsbebauung zeichnet sich jene Epoche in der wohlhabenden Residenz- und Kulturstadt durch weitläufige Villenviertel aus. Heraus ragen die drei „Elbschlösser“ und der legendäre Weiße Hirsch am nördlichen Elbufer. Nördlich der Neustadt entstanden die ausgedehnten Kasernenkomplexe der Albertstadt, in denen sich heute das Militärhistorische Museum der Bundeswehr befindet. Unweit hiervon wurde 1909 die für die kulturelle Moderne bedeutsame Gartenstadtsiedlung Hellerau mit Deutschen Werkstätten und Festspielhaus begründet.

Parallel zum rasanten Wachstum wurde die Infrastruktur mit Kanalisation, Elektrifizierung, Krankenhäusern, Schulen usw. durchgreifend modernisiert. Die Innenstadt erhielt beliebte Einkaufs- und

Das Neue Rathaus, errichtet 1910.

Flaniermeilen, allen voran die mondäne Prager Straße. Rückgrat des öffentlichen Nahverkehrs wurde die 1872 als Pferdebahn eröffnete und 1893 elektrifizierte Straßenbahn mit ihren bis zu 30 Linien. Aus den Vorortbahnen des Ballungsraumes ging 1974 die S-Bahn Dresden hervor. Für den rasant zunehmenden Straßenverkehr entstanden neben der erneuerten Augustusbrücke (1910) vier neue Bauwerke: Marienbrücke (1852), Carolabrücke (1895), Albertbrücke (1877) und Loschwitzer Brücke alias Blaues Wunder (1893). Später folgten die Flügelwegbrücke (1930), die Elbebrücke (1935) für den Anschluss an die Reichsautobahn und die Waldschlößchenbrücke (2013). Als repräsentative Neubauten errichtete die Stadt um 1900 neben staatlichen Verwaltungsgebäuden, Museen und Hochschulen unter anderem das Neue Rathaus (1910) und Schauspielhaus (1913). Auf dem städtischen Ausstellungsgelände am Straßburger Platz mit dem großen Ausstellungspalast (1896) fand 1887 die 1. Internationale Gartenbauausstellung statt. Unter vielen weiteren Großveranstaltungen ragt die erste Internationale Hygiene-Ausstellung 1911 heraus, wesentlich mit initiiert von Odol-Fabrikant Karl August Lingner. Dieser machte auch den Bau des modernen Hygiene-Museums 1930 möglich.

35 Moderne Technik
Optische und Elektroindustrie

Die Industriegroßstadt zeichnete sich durch innovative Unternehmen der Optik und Elektronik aus. Hieraus gingen die Kombinate Pentacon und Robotron hervor. An diese Traditionen erinnern die Technischen Sammlungen Dresden.

Dresden entwickelte sich in der zweiten Hälfte des 19. Jahrhunderts zu einer dynamischen Industriegroßstadt. Dies war in Sachsen, dem Musterland der Industrialisierung, nicht ungewöhnlich. Allerdings wandelte sich die wohlhabende Residenz- und Kulturstadt nicht zu einem Zentrum der Metall- und Textilindustrie, wie die anderen sächsischen Großstädte Leipzig, Chemnitz, Zwickau und Plauen. Vielmehr brachte Dresden vor allem innovative Unternehmen der Feinmechanik, Optik und Elektronik hervor. Insbesondere die Herstellung von Fotoapparaten, Kameras und Projektoren machte das ohnehin weltberühmte Elbflorenz noch bekannter. Richard Hüttig & Sohn (1887) mit seiner Fabrik in der Schandauer Straße galt nach der Jahrhundertwende als größte Kamerafabrik Europas. Hinzu kamen die Heinrich Ernemann AG (1889) ebenfalls in der Schandauer Straße und die Emil Wünsche AG (1887) in Reick sowie weitere Unternehmen in und um Dresden. Die 1926 mit aus den erfolgreichsten Dresdner Werken hervorgegangene Zeiss Ikon AG stieg zu einem der bedeutendsten Hersteller von Kameras und Projektoren weltweit auf. Aus der Verstaatlichung ging in der DDR über mehrere Zwischenschritte 1964 der VEB Pentacon Dresden als international erfolgreiches Unternehmen hervor. 1968 wurde er Stammbetrieb des Kombinates Pentacon, das die Optische Industrie Sachsens konzernartig bündelte. Auf den Produkten, wie der legendären Spiegelreflexkamera Praktica, fand sich als Firmenlogo die stilisierte Silhouette des Turmes der vormaligen Ernemannwerke.

Schreib- und Rechenmaschinen aus Dresden waren seit dem 19. Jahrhundert ebenfalls weltweit gefragt. Diese Traditionslinie mündete 1969 in die Gründung des VEB Kombinat Robotron Dresden, größter Elektronik- und Computerhersteller der DDR und des gesamten sozialistischen Wirtschaftsraumes. Der mächtige Betriebsverbund mit zuletzt 68.000 Mitarbeitern bezog Anfang der 1970er-Jahre seinen modernen repräsentativen Firmensitz am Pirnaischen Platz. Die ökonomische Entwicklung nach der deutschen Wiedervereinigung 1990 wurde vom Zusammenbrechen der DDR-Planwirtschaft geprägt. Auch Dresden erlitt unter Regie der Treuhand eine weitgehende Deindustrialisierung. Dies betraf auch die profilprägenden Großunternehmen wie Robotron und Pentacon mit ihren Tausenden Beschäftigten. Die Verbundstrukturen wurden zerschlagen und nur kleinere Teile konnten sich als neue Unternehmen in der Marktwirtschaft behaupten. Gleichzeitig blieb die Universitäts- und Hochschulstadt ein beachtliches Technologiezentrum. Hierzu trugen ambitionierte Neuansiedlungen wie

In der ehemaligen Ernemann- und Pentacon-Fabrik befinden sich die Technischen Sammlungen Dresden.

die von Halbleiterhersteller Infineon (1994) und Bosch (2021) bei, die auf das große Potenzial qualifizierter Fachkräfte zurückgreifen konnten.

Die lange prägende Herstellung von Kameras und Computern ist freilich weitgehend Geschichte. Diese aber wird angemessen bewahrt – und das an einem symbolisch hochaufgeladenen Ort. Der Gebäudekomplex des ehemaligen Ernemann- bzw. Pentacon-Werkes mit dem markanten Ernemannturm von 1923 gilt als das Wahrzeichen der Dresdner Optischen Industrie schlechthin. Er zählt zudem zu den bedeutenden Baudenkmälern des klassischen Industriezeitalters an der Elbe. Heute sind hier die Technischen Sammlungen Dresden beheimatet. Das traditionsreiche Technikmuseum präsentiert unter anderem die Highlights des einstigen Museums für Photographie, der Büromaschinen-Lehrsammlung der TU Dresden und des Nachlasses des Kombinates Pentacon. Hier werden darüber hinaus Phänomene der Natur, Fundamente der Wissenschaft und neueste technische Errungenschaften lebendig vermittelt. Das Museum versteht sich als facettenreiche Erlebniswelt und offenes Forum für technische Entwicklungen, oft in Kooperation mit Partnern wie der TU Dresden.

36 Im Zeichen des Genusses
Die Zigaretten- und Schokoladenstadt

Mit der Industrialisierung entstand auch eine moderne Lebensmittelindustrie. Genussmittel wurden jetzt in großen, überregional erfolgreichen Fabriken hergestellt und machten Dresden zur Zigaretten- und Schokoladenstadt Deutschlands.

Das im 19. Jahrhundert zum Durchbruch gelangende Industriezeitalter führte auch zu epochalen Veränderungen in der Lebensmittelversorgung. Besonders in Großstädten wie Dresden wurden die traditionelle Versorgung durch das ländliche Umfeld sowie kleinteilige Verarbeitungs- und Verteilungsstrukturen durch moderne Massenproduktion weitgehend ersetzt. Voraussetzungen hierfür waren eine effizientere Landwirtschaft und eine moderne Lebensmittelindustrie. Mitunter konnten neue Einrichtungen auch mit älteren Strukturen verschmelzen. So erinnert das Industriedenkmal und Kulturzentrum Alter Schlachthof in der Leipziger Straße an den 1873 eingeweihten ersten zentralen Schlachthof der Stadt. Ihm folgte 1910 der große Städtische Vieh- und Schlachthof im Ostragehege, seit seiner Stilllegung 1995 unter anderem als Messe genutzt. Hierauf aufbauend konnten sich auch viele kleinere Fleischereien halten, die ebenso wie Bäckereien, Lebensmittelgeschäfte und Kolonialwarenläden das Stadtbild prägten.

In anderen Bereichen führte die Industrialisierung zu einer weitgehenden „Marktbereinigung". Nicht zuletzt machten nun wenige Großbrauereien mit ihren modernen Kühltechnologien des Deutschen liebstes Getränk der Massengesellschaft problemlos zugänglich. Hieran knüpft die Feldschlösschen AG mit ihrem Stammhaus an der Budapester Straße aus dem 19. Jahrhundert, heute zünftige Gaststätte und Brauereimuseum, und dem 1981 eingeweihten modernen Standort in Coschütz an. Die größte Bedeutung erlangte die Genussmittelindustrie, die Dresden den Ruf der „Schokoladenstadt" und „Zigarettenstadt" Deutschlands eintrug. Im Feinschmeckerland der „Kaffeesachsen" entstanden große Schokoladenfabriken wie Jordan & Timaeus (1823) und Hartwig & Vogel (1870) mit der Marke „Tell-Chocolade Cacao" und dem „Tell-Apfel" (Schokoapfel) in Anspielung auf Wilhelm Tell. Aus Enteignungen ging nach 1945 der VEB Dresdner Süßwarenfabriken Elbflorenz hervor. Diese Marke ging wiederum nach 1990 an das Unternehmen Sächsische und Dresdner Back- und Süßwaren (ehemals Vadossi) in Radebeul, bekannt vor allem im Osten Deutschlands für die Nuss-Nougat-Creme „Nudossi".

Am präsentesten war Dresden als Tabakmetropole. Die praktische Zigarette verdrängte allmählich Zigarre und Pfeife als beliebtestes Rauchwerk. Die Stadt entwickelte sich hierbei zum nationalen Zentrum der Zigarettenherstellung. Nicht zufällig hatte an der Elbe auch der Verband der Deutschen Zigarettenindustrie seinen Sitz. Diese bewegte sich auf einem riesigen Markt, gehörte das Rauchen doch seinerzeit zumindest unter den meisten

Die ehemalige Yenidze-Zigarettenfabrik.

Männern zu den alltäglichen Genüssen. 1862 beginnend mit der Firma Compagnie Laferme entstanden Dutzende größere und kleinere Zigarettenfabriken. Zu den Marktführern in Deutschland gehörten unter anderem Jasmatzi (1880), W. Lande (1897), Greiling (1919) und Haus Bergmann (1920, später HB). Einige der ehemaligen Betriebsstätten zählen heute zu den wichtigen Industriedenkmälern. Die Firma Yenidze (1886) hat mit ihrer 1909 im Stil einer Moschee erbauten Zigarettenfabrik das eindrucksvollste Bauwerk hinterlassen, das die starke Ausrichtung von Marken und Werbung auf den Orient spiegelt. Heute wird es als Bürogebäude mit Kuppelrestaurant und höchstem Biergarten der Stadt genutzt. In der DDR-Zeit schloss man die verstaatlichten Unternehmen zum VEB Vereinigte Zigarettenfabriken Dresden zusammen, einer der größten Hersteller des sozialistischen Wirtschaftsraumes. Nach der Reprivatisierung 1990 wurde in der einstigen Jasmatzi-Fabrik in Striesen unter der Regie eines internationalen Konzerns mit „f6" weiterhin eine der bekanntesten Dresdner Traditionsmarken hergestellt. Mit der Verlagerung der Produktion nach Polen und Tschechien ging 2019 eines der wichtigsten Kapitel der Dresdner Wirtschaftsgeschichte zu Ende.

37 Zahnpasta, Kaffeefilter und Mundwasser
Innovationen Made in Dresden

Die industrielle Moderne wird meist mit Fabriken, neuen Verkehrsmitteln und rasantem Wachstum der Städte in Verbindung gebracht. Aber auch der häusliche Alltag wurde durch Innovationen Made in Dresden revolutioniert.

Die industrielle Moderne wurde von neuen Verkehrsmitteln, rasantem Städtewachstum und Großbetrieben mit Tausenden Beschäftigten maßgeblich geprägt. Für die Arbeiterschaft in ihren Quartieren vor allem des westlichen und nördlichen Gründerzeitgürtels bedeutete dies oft schwierige Wohn- und Lebensverhältnisse, was Dresden wie große Teile Sachsens zu einer Hochburg der SPD werden ließ. Zugleich machten aber neue Lebensmittel, Konsumgüter und Luxusartikel auch das Leben des „kleinen Mannes“ etwas angenehmer. Viele Erfindungen der beiden Jahrzehnte um 1900 sind nicht mehr wegzudenken oder schienen zumindest über Generationen unentbehrlich. So manche Innovation stammte dabei aus Dresden. Die Hauptstadt des Musterlandes der Industrialisierung brachte allein mit Zahnpasta, Kaffee-Filtertüte und dem legendären Mundwasser „Odol“ drei Klassiker hervor.

Zu den Pionieren der ältere Mittel wie Zahnpulver rasch verdrängenden Zahnpasta gehörte der Dresdner Apotheker Ottomar Heinsius von Mayenburg. Nach dem Studium an der Universität Leipzig ging er als Apotheker nach Dresden und übernahm die Löwenapotheke am Altmarkt. 1907 begann dort der einzigartige Siegeszug seiner Chlorodont-Zahnpasta in Tuben, die bis in die 1980er-Jahre hergestellt wurde. In den „Goldenen Zwanzigern“ besaßen Heinsius' Dresdner Leo-Werke bereits gut 20 Filialen in Deutschland, Europa und Amerika. Kaum weniger bahnbrechend war die ebenso einfache, wie geniale Erfindung der Kaffee-Filtertüte aus Löschblättern ihrer Söhne durch die Dresdner Hausfrau Melitta Bentz 1908. Aus bescheidenen Anfängen entstand ein Großunternehmen, das allerdings seit 1929 in Minden ansässig ist.

Der Dresdner Chemiker Karl August Lingner brachte 1892 sein legendäres Mundwasser „Odol“ (griechisch odous =

Das Deutsche Hygiene-Museum Dresden wurde von Odol-Erfinder Karl August Lingner gegründet.

Zahn, lateinischen oleum = Öl) auf den Markt. Die neue kosmetisch-medizinische Allzweckwaffe der Mundhygiene hatte auch dank moderner Werbestrategien international großen Erfolg und machte ihren Schöpfer zum Millionär und Schlossbesitzer. Die Dresdner Lingner-Werke fielen jedoch 1945 dem Krieg zum Opfer; dennoch produzierte man in der DDR weiter die typischen Fläschchen mit dem abgewinkelten Hals. Gleichzeitig gingen die Rechte 1949 an ein westdeutsches Unternehmen, mittlerweile wird „Odol" von einem großen internationalen Konzern produziert. Die Marke ist über das traditionelle Mundwasser hinaus mit Zahnpasta, Kaugummis u.Ä. ein Marktführer in der Mundhygiene.

Mögen diese noch immer sehr zugkräftigen Produkte heute auch andernorts hergestellt werden, so hat Karl August Lingner Dresden dennoch neben dem „Lingnerschloss" über den Elbwiesen, das er sich zum herrschaftlichen Wohnsitz umgestalten ließ, etwas Bleibendes hinterlassen. Er war nämlich nicht nur ein erfolgreicher Unternehmer, sondern auch ein engagierter Förderer der Volkshygiene. Wesentlich auf sein Betreiben fand 1911 die erste Internationale Hygiene-Ausstellung in Dresden statt. Sie gilt mit mehr als fünf Millionen Besuchern als größte Ausstellung aller Zeiten in der Elbestadt. Das Gelände an der Nordwestecke des Großen Gartens, auf dem sich heute die Gläserne Manufaktur von VW befindet, sah viele solcher hochkarätigen Veranstaltungen. Das von Lingner ein Jahr später gegründete Deutsche Hygiene-Museum, eine in ihrer Art einmalige Einrichtung, erhielt 1930 den markanten Neubau im Bauhaus-Stil am Großen Garten. Heute bietet das Museum, das zu den meistbesuchten Museen in Sachsen zählt, über seine Dauer- und Sonderausstellungen hinaus ein lebendiges öffentliches Forum für Wissenschaft, Kultur und Gesellschaft.

38 Schönster Milchladen der Welt
Pfunds Molkerei

Die Molkerei Pfund hat der Industriegroßstadt nicht nur frische Milch und ein prächtiges Molkereigeschäft beschert. Mit Innovationen wie pasteurisierter Milch und Kondensmilch stieg sie zum erfolgreichen Gründerzeit-Unternehmen auf.

Neben Residenzschloss, Frauenkirche und Zwinger gehört in Dresden auch ein Milchladen zu den festen Anlaufpunkten aller Sightseeing-Touren. Das mag auf den ersten Blick ungewöhnlich erscheinen. Wer aber die Dresdner Molkerei Gebrüder Pfund in der Bautzener Straße 79 besucht hat, kann dies nachvollziehen. Der Werbeslogan vom „Schönsten Milchladen der Welt“ scheint nicht übertrieben. Dieser findet sich im Erdgeschoss eines Gründerzeitbaus in der Neustadt, die in den letzten Jahren weitgehend saniert wurde und sich zur beliebten Wohn- und Geschäftslage entwickelt hat. Das Molkereigeschäft ist komplett mit handgemalten Fliesen der Firma Villeroy & Boch im Stil der Neorenaissance ausgestattet, was ihm sogar einen Eintrag ins Guinness Buch der Rekorde eintrug. Übrigens betrieb der berühmte Keramikhersteller seit 1856 in Dresden eine Steingutfabrik. Der repräsentative Stammsitz der Firma Pfund wurde 1891 eingeweiht und überstand auch die verheerenden Bombenangriffe vom Februar 1945. In der DDR 1972 enteignet und nach der Einstellung des Molkereibetriebes 1979 als Geschäft der staatlichen Handelsorganisation (HO) betrieben, kehrte Pfunds Molkerei nach 1990 als Privatunternehmen zurück. Heute werden in dem in altem Glanz erstrahlenden Laden vor allem hochwertige Rohmilchkäseprodukte verkauft und Aktivitäten wie Käseverkostungen angeboten. In den ehemaligen Büroräumen über dem Geschäft bietet das „Café Restaurant Pfunds“ gepflegte Gastronomie.

Es ist aber nicht allein der schönste Milchladen der Welt, der Pfunds Molkerei zu einem Highlight der Dresdner Geschichte macht. Vielmehr handelt es sich hierbei um ein echtes Gründerzeit-Unternehmen von überregionaler Bedeutung. Mit der Gründung des Deutschen Kaiserreiches 1871 kam in Deutschland und insbesondere in Sachsen die Industrialisierung voll zum Durchbruch. Auch Dresden entwickelte sich in wenigen Jahrzehnten zur pulsierenden Halbmillionenstadt, verbunden mit einem durchgreifenden Modernisierungsschub. Es brachte dabei auch so manche Alltags-Innovation von Zahnpasta und Odol bis zur Kaffee-Filtertüte hervor. 1879 begann der findige Landwirt Paul Gustav Leander Pfund damit, die steigende Zahl an Einwohnern mit frischer Milch zu versorgen. Seit Jahrhunderten war diese täglich auf offenen Wagen und ungekühlt aus den umliegenden Dörfern in die Stadt gefahren worden. Mit dieser unhygienischen Praxis sollte jetzt Schluss sein.

Den bescheidenen Anfang machte ein Laden in der heutigen Görlitzer Straße, wo täglich sechs eigene Kühe gemolken und die Milch frisch verkauft wurde. 1880

Pfunds Molkerei ist komplett mit handgemalten Fliesen der Firma Villeroy & Boch ausgestattet.

stieg Pfunds Bruder Friedrich ins Geschäft ein, das fortan als Dresdner Molkerei Gebrüder Pfund firmierte. Das über vier Generationen von der Familie geführte Unternehmen legte eine Bilderbuch-Gründerkarriere hin und musste schon 1891 in die Bautzener Straße umziehen. Aus anfänglich ca. 150 Litern Milch am Tag wurden bis in die 1930er-Jahre ca. 60.000 Liter. Dank technologischer Weiterentwicklungen entstand eine immer breitere Palette an Milchprodukten, die sogar ins Ausland exportiert wurden. Heraus ragt die Einführung der Pasteurisierung von Milch, die Haltbarmachung durch Hocherhitzung. Seit 1900 stellte Pfund als erster in Deutschland Kondensmilch her. Die Firma wuchs unaufhörlich, 1900 kam eine Außenstelle in Lobositz (Lovosice) in Böhmen hinzu. Die gesamte Produktionskette lag dank Tierzuchtanlagen, Kartonagenfabrik, Druckerei, Stellmacherei, Schmiede, Klempnerei, Lackiererei, Schneiderei und Wäscherei in eigenen Händen. Die soziale Einstellung des Unternehmens schlug sich in Dienstwohnungen für Mitarbeiter, einer Betriebskrankenkasse und Altersunterstützung nieder.

39 Aufbruch im Nahverkehr
Die Dresdner Straßenbahn

Die Straßenbahn entwickelte sich im 19. Jahrhundert zum Rückgrat des Nahverkehrs in der wachsenden Großstadt. Dichtes Liniennetz und moderne Ausstattung machen sie bis heute populär. Ihre Geschichte spiegelt das Straßenbahnmuseum.

Das rasante Wachstum der Großstadt Dresden in der zweiten Hälfte des 19. Jahrhunderts machte die Bereitstellung leistungsfähiger öffentlicher Verkehrsmittel für die Bevölkerung nötig. Seit anderthalb Jahrhunderten erfüllt vor allem die Straßenbahn diese Aufgabe. Bevor allerdings eine elektrische „Tram" durch die Straßen fuhr, gab es bereits einige Jahrzehnte mit Pferdestärken betriebene Vorläufer. Seit 1838 wurde ein Pferdeomnibus-Liniennetz aufgebaut, das bis 1899 in Betrieb blieb. Unterdessen hatte 1872 die Pferdestraßenbahn mit der Strecke vom Pirnaischen Platz bis zum aufblühenden Villenvorort Blasewitz ihren Betrieb aufgenommen. Das rasch wachsende Schienennetz wurde seit 1879 von der britischen Tramways Company of Germany Ltd. gepachtet. Wegen der Farbe ihrer Wagen wurde diese Gesellschaft im Volksmund „Die Gelbe" genannt.

Nach Reibereien mit der Stadtverwaltung entstand 1889 die Deutsche Straßenbahn-Gesellschaft in Dresden, nach ihren Wagen „Die Rote" genannt. Diese eröffnete 1893 die erste elektrisch betriebene Straßenbahnlinie vom Schloßplatz nach Blasewitz, worauf innerhalb eines Jahrzehnts das komplette Netz elektrifiziert wurde. 1906 ging aus den privaten Unternehmen die Städtische Straßenbahn zu Dresden hervor, die wiederum 1930 als Dresdner Straßenbahn AG privatisiert wurde. In der DDR-Zeit wurde die Straßenbahn vom VEB Verkehrsbetriebe der Stadt Dresden mit seinem Sitz im Hochhaus am Albertplatz betrieben. Dieser wandelte sich schließlich nach 1990 in die kommunale Dresdner Verkehrsbetriebe AG. Die DVB unterhalten heute zwölf Straßenbahnlinien, 27 Stadtbuslinien, die beiden Bergbahnen in Loschwitz und drei Elbfähren. Von 2000 bis 2020 betrieb man auch die CarGoTram vom Güterbahnhof Dresden-Friedrichsstadt zur Gläsernen Manufaktur von VW am Straßburger Platz.

Das Liniennetz besitzt die außergewöhnliche Spurweite von 1.450 Millimetern, 15 Millimeter breiter als Normalspur. Außergewöhnlich war auch die Länge und Dichte der Anfang des 20. Jahrhunderts knapp 30 Straßenbahnlinien. Dabei entstanden wichtige Knotenpunkte wie der Postplatz mit dem beliebten Kiosk „Käseglocke". Zu den weit ins Umland ausgreifenden Strecken zählten die Lockwitztalbahn nach Kreischa, die Lößnitzbahn nach Radebeul/Weinböhla, die Plauensche Grundbahn nach Freital, die Vorortbahn Loschwitz–Pillnitz, die Bühlauer Außenbahn bis Weißig, die Vorortbahn Cotta–Cossebaude und Industriegelände–Hellerau/Weixdorf. Auch bei den Fahrzeugen setzte die

Der Große Hecht gehört zu den Attraktionen des Straßenbahnmuseums Dresden.

Dresdner Straßenbahn Meilensteine. So ging 1931 mit dem Großen Hecht ein über 15 Meter langer Triebwagen völlig neuer Art in Betrieb.

Anders als in mancher Großstadt in Ost wie West wurde die Straßenbahn in Dresden auch im automobilen Zeitalter nicht infrage gestellt. Sie blieb das Rückgrat des städtischen Personennahverkehrs. Mit den modernen Tatra-Bahnen aus Prag war man 1968 auch wieder Vorreiter bei der technischen Erneuerung. Die Errichtung großer Neubaugebiete in Plattenbauweise brachte dicht getaktete Strecken nach Prohlis und Gorbitz mit sich. Im Sinne der Unabhängigkeit vom Autoverkehr setzte man auf separate Trassen abseits der Straße, was der Tram zunehmend den Charakter einer modernen Stadtbahn verlieh. Einige der weniger stark frequentierten Umlandstrecken wurden dagegen eingestellt und durch Buslinien ersetzt (Weißig 1949, Freital 1974, Kreischa 1977, Pillnitz 1985, Cossebaude 1990). Nach 1990 hat man die Modernisierung mit Streckenausbau und erneuertem Fuhrpark weiter vorangetrieben. Der nächste Technologiesprung mit einer neuen, eigens für Dresden entwickelten Stadtbahn-Generation erfolgte 2021. Einen eindrucksvollen historischen Querschnitt mit zahlreichen originalen Fahrzeugen bietet das Straßenbahnmuseum Dresden auf dem Gelände des Hauptsitzes der DVB in Pieschen.

40 Blaues Wunder und Weißer Hirsch
Dresdens Villen-Viertel

Mit dem rasanten Wachstum der Industriegroßstadt entstanden auch ausgedehnte Villenviertel für die wohlhabenden Bevölkerungskreise. Das bekannteste wurde der Weiße Hirsch oberhalb von Loschwitz mit der legendären Brücke Blaues Wunder.

Mit der rasanten Ausdehnung der Industriegroßstadt Dresden in der zweiten Hälfte des 19. Jahrhunderts entstanden auch große Villenviertel für die betuchteren Bevölkerungskreise, für gehobenes Bürgertum und Adelskreise rund um den Hof. Selbst die Wettiner zogen sich gerne in ihre Königliche Villa in Strehlen zurück. Heraus ragen die hoch über dem nördlichen Ufer thronenden „Elbschlösser“ Schloss Albrechtsberg, Lingnerschloss und Schloss Eckberg. Um die Jahrhundertwende hatte diese herrschaftliche Expansion die Elbeaue bis Blasewitz und Loschwitz erreicht. In diesem Zusammenhang entstand 1893 die fünfte Brücke der Stadt, das legendäre Blaue Wunder. Die nach ihrem Farbanstrich benannte Loschwitzer Brücke, eine Stahlhängebrücke ohne Pfeiler in der Elbe, galt als technisches Meisterwerk des Industriezeitalters. Bei den Zeitgenossen nicht unumstritten, ist sie längst zu einem der Wahrzeichen der Stadt aufgerückt. Besonders die Bewohner der Villenviertel an den grünen Hängen um Loschwitz hatten auf diese direkte Verbindung Richtung Innenstadt gedrängt. Die höher gelegenen Ansiedlungen um das beliebte Ausflugslokal „Luisenhof“ (1895) wurden zudem wenig später durch eine Standseilbahn (1895) und eine Schwebebahn (1901) mit Loschwitz verbunden. Beide Bahnen gelten als die ältesten ihrer Art.

Das bekannteste aller Dresdner Villenviertel ist zweifellos der Weiße Hirsch oberhalb von Loschwitz am Südrand der Dresdner Heide. Benannt ist es nach einer auf das 17. Jahrhundert zurückgehenden Weinschänke „Zum Weißen Hirsch“. Der kleine Ort an der Bautzner Landstraße entwickelte sich, angestoßen vom Seifenfabrikanten Ludwig Küntzelmann, seit den 1870er-Jahren zur noblen Wohngegend und beliebten Sommerfrische mit Anziehungspunkten wie dem Waldpark. Wichtige Impulse gab der Arzt Heinrich Lahmann, der den

Weißen Hirsch zum renommierten Kurort entwickelte. „Dr. Lahmanns physiatrisches Sanatorium" (1888) zog mit seinen modernen Naturheilverfahren jährlich Tausende zahlungskräftige Patienten an. Die innerhalb weniger Jahrzehnte aus dem Boden schießende Villensiedlung, in der sich viele Geschäfte und Cafés niederließen, wurde zum bevorzugten Wohnort von Wissenschaftlern, Ärzten, Künstlern, Unternehmern und hohen Beamten. 1899 erfolgte die direkte Anbindung an das Straßenbahnnetz mit der „Höhenlinie" 11 von Neustadt nach Bühlau. Das „Zeitalter der Extreme" mit seinen beiden Weltkriegen ließ diese rasante Entwicklung zwar stagnieren – 1939 schloss auch das Lahmann-Sanatorium endgültig seine Pforten –, ohne aber die Anziehungskraft des Viertels zu mindern.

Der Mythos vom Weißen Hirsch und dessen über dem Elbtal schwebender bildungsbürgerlicher Atmosphäre hat sich trotz aller politischen Wandlungen und baulichen Vernachlässigung auch über die vier Jahrzehnte DDR gehalten. Hierzu trug seit 1955 das inmitten des Viertels gelegene Forschungsinstitut Manfred von Ardennes bei, erfolgreicher Physiker und Schöpfer von zahlreichen Erfindungen und Patenten. Das Institut des distinguierten adligen Spitzenforschers nahm als größte privatwirtschaftliche Forschungseinrichtung der sozialistischen Staatenwelt eine geheimnisumwitterte Sonderstellung ein. Der in Dresden gebürtige Schriftsteller Uwe Tellkamp hat mit seinem mehrfach prämierten und verfilmten Gesellschaftsroman „Der Turm" (2008) dem einzigartigen Villenviertel in den letzten Jahren der DDR ein literarisches Denkmal gesetzt. Nach 1990 erlebte der Weiße Hirsch seine Renaissance als gutbürgerlicher Stadtteil. Die meisten Villen erstrahlen – oft mit neuen Bewohnern – in altem Glanz, das verfallene Lahmann-Sanatorium wurde zum luxuriösen Wohnkomplex Dr.-Lahmann-Park umgestaltet. Ein Bummel durch das stimmungsvolle Viertel samt Bergbahnfahrt gehört heute zum Programm vieler Dresden-Besucher, der „Luisenhof" lädt wieder auf den „Balkon Dresdens".

Die Loschwitzer Brücke alias Blaues Wunder führt zum Villenviertel Weißer Hirsch (links).

41 Bestsellerautor und Hochstapler
Karl May alias Old Shatterhand

Karl May gilt als erfolgreichster Abenteuerschriftsteller. Jugendsünden und allzu starke Identifikation mit seinen Helden haben dem Ruhm des Sachsen kaum geschadet, an den das Karl-May-Museum Radebeul vor den Toren Dresdens erinnert.

Karl May gilt als *der* Abenteuerschriftsteller schlechthin. Der schaffensfreudige Autor und Schöpfer von unsterblichen Helden wie Winnetou, Old Shatterhand und Kara Ben Nemsi beflügelte die Phantasie ganzer Generationen Heranwachsender, die mit seinen Büchern durch die Weiten der amerikanischen Prärie und das wilde Kurdistan streiften. May ist darüber hinaus nicht nur einer der meistgelesenen deutschen Schriftsteller, sondern laut UNESCO auch einer der am häufigsten übersetzten. Rund 200 Millionen soll die weltweite Auflage seiner Bücher betragen, etwa die Hälfte davon verkaufte sich in Deutschland.

Freilich haben schon einige Zeitgenossen und später auch die Germanisten Karl May ein Übermaß an Phantasie, ein allzu weitgehendes Verwischen der Grenze zwischen Ich-Erzähler und realem Autor vorgeworfen. Gar von Hochstapelei und Pseudologie, also von zwanghaftem Lügen, war die Rede. Dies ist als „Old-Shatterhand-Legende" in die Geschichte eingegangen. Tatsächlich suggerierte der Schriftsteller seinen vielen Lesern, er habe selbst die Abenteuer fernab der sächsischen Heimat durchlebt – obwohl er erst im Alter als Tourist den Orient und Nordamerika besuchte. Stattdessen bezog May seine Informationen aus Fachbüchern und bisweilen auch recht großzügig bei Schriftstellerkollegen. Der Wirkung seines Werkes hat all dies jedoch kaum geschadet. Über die zahllosen Buchauflagen hinaus sind seine Geschichten in viele Kunstgenres bis hin zu den Filmklassikern mit Lex Barker und Pierre Brice eingegangen.

Der Aufstieg zum Erfolgsautor ist Karl May keineswegs in die Wiege gelegt worden. 1842 als Sohn eines Webers in Ernstthal geboren, konnte er nur die Volksschule besuchen. Trotz erster kleinerer krimineller Delikte gelang ihm zwar 1861 der Abschluss des Lehrerseminars Plauen, bald danach aber geriet er völlig unter die Räder. Wegen Diebstahls, Betrugs und Hochstapelei saß er mehrere Jahre im Arbeitshaus Zwickau und Zuchthaus Waldheim ein. 1874 zu seinen Eltern nach Ernstthal zurückgekehrt, begann er mit dem Schreiben. 1878 siedelte er als freier Schriftsteller nach Dresden über. Hier in der Residenzstadt mit ihrem florierenden Kulturleben erzielte er in den 1890er-Jahren mit seinen Reiseerzählungen den Durchbruch. Zu Ruhm und Wohlstand gelangt, zog May 1896 in eine Villa im nahen Radebeul, die er demonstrativ „Villa Shatterhand" taufte und ganz im Geiste seiner Bücher ausstaffierte. Dort verstarb Karl May 1912 und wurde auf dem nahen Friedhof in einem opulenten Grabmal beigesetzt.

Blick in die Bibliothek von Karl May in der „Villa Shatterhand".

Heute gibt es eine Reihe lebendiger Erinnerungsorte an den phantasievollen Sachsen. 1928 wurde auf Initiative von Witwe Klara May das Karl-May-Museum gegründet. Hierfür entstand zunächst die „Villa Bärenfett" im Garten des May'schen Anwesens in Radebeul, die seit Generationen die Wildwest-Romantik von Groß und Klein belebt. In dem stilechten Blockhaus ist eine für Europa einzigartige ethnografische Sammlung über die Indianer Nordamerikas zu sehen. 1985 kam die „Villa Shatterhand" als klassisches Literaturmuseum hinzu, das authentische Einblicke in die Wirkungsstätte des Autors eröffnet. Seine Helden treten seit 1938 jeden Sommer auf der Felsenbühne Rathen in der Sächsischen Schweiz bei den ältesten Karl-May-Spielen auf, die ebenso für großen Zulauf sorgen wie die Karl-May-Festtage in Radebeul.

42 Kulturelle Spätblüte
Die Residenz der Jahrhundertwende

Sachsens wettinisches Königshaus konzentrierte sich im 19. Jahrhundert stark auf den Kulturbereich. Insbesondere die glanzvolle Residenzstadt Dresden entfaltete noch einmal ein beachtliches Kulturleben.

Sachsen verlor im 19. Jahrhundert zunehmend an politischer Bedeutung. Hierzu trugen der Verlust von etwa der Hälfte des Territoriums auf dem Wiener Kongress 1815 ebenso bei wie die Entwicklung zum deutschen Nationalstaat. Spätestens mit der Reichsgründung 1871 wurde es ein Gliedstaat ohne nennenswerte Außenpolitik, auch wenn man sich einige Reservatrechte wie ein eigenes Heer sicherte. So wurden Monarch und Regierung in Dresden immer mehr auf die Gestaltung der Innenpolitik verwiesen. Besonders die Kultur mit ihrer großen Tradition spielte für das Selbstverständnis des wettinischen Königshauses eine zentrale Rolle. Auf diese Zeit geht die endgültige Ausformung der sächsischen Kulturlandschaft mit der prächtigen Haupt- und Residenzstadt Dresden zurück. Das längst zum beliebten Tourismusziel und Wohnort betuchter Zeitgenossen avancierte Elbflorenz mit seinen Schlössern und Parks, seinen Theatern, Orchestern und Museen von Weltruf entfaltete noch einmal ein beachtliches Kulturleben und konnte herausragende Künstlerpersönlichkeiten an sich ziehen.

Die albertinischen Wettiner legten nicht nur weiterhin einen Schwerpunkt auf die Kultur, sondern konnten auch mit einigen ihrer Vertreter beachtliche persönliche Beiträge leisten. Die Könige Friedrich August II. (reg. 1836–1854) und Johann (reg. 1854–1873) förderten alle Kunstgattungen. Der gebürtige Leipziger Richard Wagner wirkte von 1843 bis 1849 als Hofkapellmeister in Dresden und brachte hier erste wichtige Werke zur Uraufführung. Sein Dirigentenpult stand im prunkvollen neuen Opernhaus von Baumeister Gottfried Semper, 1841 errichtet und nach einem Brand 1878 erneut eingeweiht. 1854 konnte die Sempergalerie (heute Galerie Alte Meister) als nordöstlicher Abschluss des Zwingers für die Gemäldesammlung übergeben werden. König Johann gab unter anderem der modernen Geschichtsschreibung und Denkmalpflege wichtige Impulse. Selbst hochgebildet, erwarb er sich unter dem Pseudonym Philalethes als Übersetzer von Dantes „Göttlicher Komödie" Ansehen in der Fachwelt.

Dresden galt zuvor schon als ein Zentrum der Spätromantik mit dem Wirken des Schriftstellers Ludwig Tieck sowie der Maler Caspar David Friedrich, Ludwig Richter und Carl Gustav Carus. Der Komponist Carl Maria von Weber, Schöpfer der Erfolgsoper „Der Freischütz", war von 1817 bis 1826 als Hofkapellmeister tätig. Mit Ernst Rietschel wirkte einer der bedeutendsten Bildhauer und Denkmal-Künstler ebenfalls in Dresden. Die 1764 gegründete Kunstakademie, seit 1894 in dem repräsentativen Bauwerk an der Brühlschen Terrasse angesiedelt, genoss

Die Sempergalerie (Alte Meister) von 1854 gehört zu den Meisterwerken des Historismus.

einen hervorragenden Ruf; aus ihr ist die Hochschule für Bildende Künste Dresden hervorgegangen. Unmittelbar angrenzend hatte man ebenfalls unter König Albert (reg. 1873–1902) das ehemalige Zeughaus unter dem Namen Albertinum von 1884 bis 1889 zum Museum umgebaut, in dem heute die Galerie Neue Meister und die Skulpturensammlung untergebracht sind. So bekam der legendäre Canaletto-Blick über die Elbe auf die Dresdner Innenstadt mit der Brühlschen Terrasse erst im späten 19. Jahrhundert seine heutige weltbekannte Gestalt. Viele repräsentative öffentliche Gebäude, Geschäfts- und Wohnhäuser sowie ausgedehnte Villenviertel rundeten die Silhouette der kultivierten Residenz ab. Stadtbildprägend sind in den Jahren nach 1900 entstandene Bauten wie die heutige Staatskanzlei und das Kultusministerium am nördlichen Elbufer, das als Landtagsgebäude errichtete Oberlandesgericht am Schlossplatz, das Hauptstaatsarchiv, Neue Rathaus und Schauspielhaus. Selbst Industriebauten wie die im Stil einer Moschee erbaute ehemalige Zigarettenfabrik „Yenidze" fügen sich harmonisch ein.

43 Vom Technikum zur Elite-Universität
Die TU Dresden

Die Technische Universität Dresden entstand 1828 als Kaderschmiede des Industriezeitalters. Sie gehört heute zu den Elite-Universitäten Deutschlands. Darüber hinaus bietet die Hochschulstadt weitere renommierte Bildungseinrichtungen.

Dresden präsentierte sich im 19. Jahrhundert nicht nur weiterhin als glanzvolle Residenz- und Kulturstadt, sondern gab auch Wissenschaft und Technik wichtige Impulse. Die 1828 gegründete Technische Bildungsanstalt zu Dresden sollte zunächst vor allem den großen Personalbedarf im aufstrebenden Industrieland Sachsen decken helfen. 1890 stieg sie zur Königlich Sächsischen Technischen Hochschule Dresden auf, die zunehmend auch die Forschung mitbestimmte. 1900 wurde ihr von König Albert das Promotionsrecht zum Doktor-Ingenieur (Dr.-Ing.) verliehen. Dresdner Ingenieure genossen und genießen bis heute international einen sehr guten Ruf. Nach bescheidenen Anfängen in der Altstadt und einem repräsentativen Hauptgebäude (1875) am Bismarckplatz (Friedrich-List-Platz) dehnte sich der Campus seit der Jahrhundertwende in der gutbürgerlichen Südvorstadt aus. Hieran erinnern die markanten Gebäude im historistischen Gründerzeitstil. Allen voran der Beyer-Bau für das Bauingenieurwesen (1913) am Sedanplatz (Fritz-Foerster-Platz) wurde als „Kathedrale der Technik“ gefeiert.

Mit dem Campus sind aber auch dunkle historische Kapitel verbunden. Die Gedenkstätte Münchner Platz im Georg-Schumann-Bau erinnert daran, dass im damaligen Landgericht während der Zeit des Nationalsozialismus mehr als 1.340 Menschen und in der ersten Hinrichtungsstätte der DDR von 1952 bis 1956 66 Menschen getötet wurden. Ein wichtiges Zeitdokument bilden die veröffentlichten Tagebücher des 1933 aus dem Amt entlassenen Romanistik-Professors an der TH Victor Klemperer, der die Entrechtung und Verfolgung der Juden in Dresden von 1933 bis 1945 detailliert festgehalten hat. Nach 1945 konnte rasch der Betrieb wieder aufgenommen werden, da der Campus nur von relativ geringen Zerstörungen betroffen war. 1961 wurde die TH zur Technischen Universität erhoben und gehörte zu den wichtigsten Hochschulen der DDR. Zahlreiche neue Lehr- und Forschungsgebäude, Mensen und Wohnheime erweiterten den Campus, der längst eine „Stadt in der Stadt“ bildete.

Mit der Angliederung der Medizinischen Akademie „Carl Gustav Carus“, der Hochschule für Verkehrswesen „Friedrich List“ und der Pädagogischen Hochschule „Karl Friedrich Wilhelm Wander“ stieg die TUD 1992 zur Volluniversität mit heute 18 Fakultäten und 32.000 Studenten auf. Dies schlägt sich auch in einem aktiven Baugeschehen mit vielen ambitionierten Universitätsgebäuden einschließlich des 2003 eingeweihten Neubaus der Sächsischen Landesbibliothek – Staats- und

Der Beyer-Bau der TU Dresden.

Universitätsbibliothek Dresden (SLUB) nieder. Seit 2006 profitierte die TUD zudem von der Exzellenzinitiative des Bundes und der Länder zur Förderung von Wissenschaft und Forschung. 2012 stieg sie zu den elf wichtigsten deutschen Hochschulen mit dem offiziellen Titel „Elite-Universität" auf, was 2019 mit weiterer Förderung im Rahmen der Exzellenzstrategie erneuert wurde.

Die Hochschulstadt Dresden verfügt neben ihrer Elite-Universität über eine Reihe weiterer renommierter Bildungseinrichtungen samt zahlreicher Forschungsinstitute. Hierzu zählen die Hochschule für Technik und Wirtschaft, die aus der Kunstakademie hervorgegangene Hochschule für Bildende Künste, die Hochschule für Musik „Carl Maria von Weber", die Fachhochschule, die Evangelische Hochschule, die Hochschule für Kirchenmusik, die Palucca Hochschule für Tanz, ein Institut der United Nations University, die an die TUD angelehnte Dresden International University, die Dresden School of Management und die EBC Hochschule Campus Dresden. So gibt es im kulturträchtigen Elbflorenz so gut wie nichts, was man nicht studieren könnte.

44 Militär und Museum
Die Garnisonstadt

Sachsen ging nicht als Militärmacht in die Geschichte ein. Dennoch erlangten einige Wettiner auf dem Schlachtfeld Ruhm und Ehre. An die Garnisonstadt Dresden erinnert heute das Militärhistorische Museum der Bundeswehr in der Albertstadt.

Sachsen ist wahrlich nicht als erfolgreiche Militärmacht in die Geschichte eingegangen. Dies gilt insbesondere für die Konkurrenz mit dem nördlichen Nachbarn Brandenburg-Preußen. Der Wettstreit zwischen „Sachsens Glanz und Preußens Gloria", wie die aufwändigste Historienserie des DDR-Fernsehens in den 1980er-Jahren titelte, ging schon im ausgehenden Augusteischen Zeitalter verloren. August der Starke vermochte es noch mit seinen barocken Machtdemonstrationen den preußischen Soldatenkönig Friedrich Wilhelm I. zu beeindrucken. Unter den Söhnen Friedrich August II. und Friedrich dem Großen wandelten sich die Verhältnisse nachhaltig. Dem Kriegskönig in Potsdam hatte der Kunstliebhaber in Dresden wenig entgegenzusetzen. Besonders deutlich wurde dies im Siebenjährigen Krieg (1756–1763). Dresden hatte jahrelang unter Gewalt und Ausplünderung durch die Preußen zu leiden, 1760 fiel dem Beschuss der Stadt unter anderem die Kreuzkirche zum Opfer. Noch mehrfach sahen sich die Wettiner gegenüber den Hohenzollern auf der Verliererseite. Man muss das aber nicht unbedingt bedauern. Denn während die Militärmacht Preußen längst Geschichte ist, strahlt das Kulturland Sachsen mit dem barocken Elbflorenz bis heute seinen Glanz weltweit aus.

Das heißt wiederum nicht, dass Sachsen in der Militärgeschichte keine Rolle gespielt hätte. So erlangte Markgraf Friedrich der Streitbare dank seines Einsatzes in den Hussitenkriegen 1423 von König Sigismund die Kurwürde von Sachsen für die Wettiner. Der albertinische Herzog Moritz holte diese 1547 im Schmalkaldischen Krieg von seinem ernestinischen Vetter Johann Friedrich dem Großmütigen nach Dresden. Der „sächsische Mars" Johann Georg III. trug mit zur Rettung Wiens vor den Türken 1683 bei. Und auch August der Starke, in seinen Kriegen eher unglücklich agierend, konnte dem Militär

Das Militärhistorische Museum der Bundeswehr im Kasernenviertel der Albertstadt.

für Repräsentationszwecke viel abgewinnen. Mit dem „Zeithainer Lager" 1730 gelang es ihm, nicht nur Soldatenkönig Friedrich Wilhelm nachhaltig zu beeindrucken. Die Mischung aus militärischer Machtdemonstration und Barockfest sorgte in ganz Europa für Aufsehen. Zu den Attraktionen der aufwändigen Festivitäten zählte ein 1,8 Tonnen schwerer und sieben Meter langer Riesenstollen.

Im 19. Jahrhundert entwickelte sich Dresden schließlich zu einer der größten Garnisonstädte Deutschlands. Hierfür steht die seit den 1870er-Jahren errichtete Albertstadt mit ihren gewaltigen Kasernenkomplexen. Vor dem Ersten Weltkrieg umfasste die Garnison rund 15.000 Mann und war auch ein wichtiger Wirtschaftsfaktor der Stadt. Der namensgebende König Albert (reg. 1873–1902) fügt sich in die Reihe militärisch begabter Wettiner ein. In der Entscheidungsschlacht des Deutschen Krieges bei Königgrätz am 3. Juli 1866 standen sich die siegreichen preußischen Truppen und ein österreichisch-sächsisches Heer gegenüber. Die Sachsen standen unter der Führung des Prinzen Albert, dem selbst von den Preußen Respekt gezollt wurde. Er gewann wenig später im Deutsch-Französischen Krieg 1870/71 hohes Ansehen. Insbesondere tat er sich in der siegreichen Schlacht von Sedan am 2. September 1870 hervor, an die im Kaiserreich der „Sedantag" als Nationalfeiertag erinnerte. Der „Löwe Sachsens", wie ihn Karl May 1875 in einem Huldigungsgedicht apostrophierte, führte das Königreich so als geachtetes föderales Glied in den Nationalstaat von 1871.

Heute wird von der Kasernenstadt rund um die Garnisonkirche St. Martin nur noch ein kleiner Teil militärisch genutzt, etwa als Offiziersschule des Heeres. Eine eindrucksvolle Nutzung hat das einstige Arsenalhauptgebäude als Militärhistorisches Museum der Bundeswehr mit dem kühnen Umbau von Daniel Libeskind 2011 gefunden. Man mag es als späten Triumph Sachsens über Preußen einstufen, dass der Vorläufer, das 1961 gegründete Armeemuseum der DDR, 1972 von Potsdam nach Dresden übergesiedelt war. Dort ist jetzt eines der größten und modernsten Militärmuseen Europas zu bestaunen.

45 Brücke, Tanz und Gartenstadt
Die kulturelle Moderne

Die kulturelle Moderne seit dem frühen 20. Jahrhundert verdankte Dresden viele wichtige Impulse. Dies reicht von der expressionistischen „Brücke" und Otto Dix über Gret Paluccas Ausdruckstanz bis zur Gartenstadt Hellerau.

Um die Wende zum 20. Jahrhundert, im Fin de Siècle, rangen viele junge Künstler um neue Ausdrucksformen. Einige von ihnen drückten ihre Emotionen nunmehr unmittelbar durch Formen, Farben und Sprache jenseits der Realität aus. Hierfür fand man den Begriff des Expressionismus, der auch Dresden erneut in den Fokus der Kunstgeschichte rückte. Die Maler Erich Heckel, Ernst Ludwig Kirchner, Karl Schmidt-Rottluff und Fritz Bleyl, Architekturstudenten an der Königlich Sächsischen Technischen Hochschule Dresden, gründeten 1905 die expressionistische Künstlergruppe „Brücke", die als maßgeblicher Wegbereiter der klassischen Moderne gilt. Deren Name könnte sich auf die vielen Brücken Dresdens beziehen oder als Metapher für den Aufbruch gemeint gewesen sein. Erich Heckel notierte hierzu in seinem Tagebuch über einen abendlichen Nachhauseweg: „Schmidt-Rottluff sagte, wir könnten das Brücke nennen – das sei ein vielschichtiges Wort, würde kein Programm bedeuten, aber gewissermaßen von einem Ufer zum anderen führen."

Mit dem traditionsreichen Elbflorenz ist ein weiterer großer Name der modernen Kunst verbunden. Otto Dix, einer der bedeutendsten Maler des 20. Jahrhunderts, legte das Fundament für sein Schaffen mit dem Studium an der Kunstgewerbeschule Dresden von 1910 bis 1914. Die großen Galerien der Stadt boten reichlich Gelegenheit, sich mit der Geschichte der Malerei zu befassen. Zugleich versuchte sich der Student in den avantgardistischen Strömungen von Expressionismus, Kubismus und Futurismus. Von 1927 bis 1933 wirkte Dix an der Kunstakademie. Sein Meisterwerk „Der Krieg" (1932), das sich dem für seine Generation prägenden Kriegserlebnis widmet, ist in der Gemäldegalerie Neue Meister im Albertinum zu sehen. 1919 hatte Dix bereits zu den Begründern der expressionistischen „Dresdner Sezession" gehört und wirkte auch nach 1945 zeitweise an der Elbe.

Die Moderne im weiteren Sinne erhielt ebenfalls wichtige Impulse aus Dresden. So wurde 1909 von Möbelfabrikant Karl Schmidt für seine Mitarbeiter die für die Lebensreform-Bewegung bedeutsame Gartenstadtsiedlung Hellerau als erste ihrer Art in Deutschland begründet. Schmidts „Deutsche Werkstätten" gehörten zu den bedeutendsten Herstellern von Möbeln nach Entwürfen renommierter Künstler – eine Tradition, an die man bis heute anknüpft. 1912 folgte das Festspielhaus Hellerau im Stile der Reformarchitektur. Das Werk von Architekt Heinrich Tessenow zählt zu den Meilensteinen der Architektur des 20. Jahrhunderts. Es diente ursprünglich der Bildungsanstalt für

Das Festspielhaus Hellerau in der Gartenstadtsiedlung.

Musik und Rhythmus von Emile Jaques-Dalcroze mit Internatsschule als Heimstatt. In seiner wechselhaften Geschichte galt es immer wieder als „Laboratorium der künstlerischen Moderne" bis hin zur Einrichtung Hellerau – Europäisches Zentrum der Künste.

Zahlreiche weitere Beiträge zur kulturellen Moderne, etwa in den „Goldenen Zwanzigern", wären zu nennen. So eröffnete Ausdruckstänzerin Gret Palucca 1925 in Dresden ihre legendäre Tanzschule, deren Tradition heute von der Palucca Hochschule für Tanz fortgeführt wird. Viele dieser Entwicklungen fanden durch die NS-Diktatur mit ihrer Verfemung der „entarteten Kunst" ab 1933 ein Ende. Nach 1945 stand Dresden unter sich mehrfach wandelnden kulturpolitischen Rahmenbedingungen erneut im Fokus der Kulturwelt. Dies spiegelt sich etwa in den zehn Kunstausstellungen der DDR zwischen 1946 und 1988. Diese spartenübergreifenden Leistungsschauen, seit 1953 im Albertinum zu Hause, erfreuten sich bei Künstlern und Besuchern wachsender Popularität. Das Spektrum reichte dabei von sozialistischer Staatskunst bis zu international beachteten Werken etwa der Neuen Leipziger Schule.

46 Der Junge auf der Mauer
Erich Kästner und Dresden

Der Schriftsteller Erich Kästner, Autor von Bestsellern wie „Emil und die Detektive", ist in Dresden aufgewachsen. Er setzte seiner Vaterstadt mit dem Buch „Als ich ein kleiner Junge war" ein literarisches Denkmal.

Am Rande des Albertplatzes findet sich ein ungewöhnliches Bronzedenkmal. Auf der Mauer des herrschaftlichen Villengrundstücks mit der Adresse Antonstraße 1 sitzt ein Junge und schaut, offenbar aus einer anderen Zeit heraus, neugierig auf das pulsierende Leben. Vor seinen Augen fahren Straßenbahnen in die Altstadt, zum Weißen Hirsch und Neustädter Bahnhof, nach Klotzsche und Hellerau, aus denen hunderte Menschen aussteigen. Lastwagen, Kutschen und Autos, Fußgänger, Grenadiere aus der Albertstadt und eine königliche Equipage bieten ihm in seiner grünen Loge ein ständig wechselndes Schauspiel. Die zwei noch fast neuen Springbrunnen auf dem Albertplatz zeigen ihre Künste. Eisverkäufer in weißer Uniform bieten Leckereien für wenige Pfennige, ein vom Bierwagen gefallenes Hektoliterfass zieht Neugierige an.

Diese im Grunde bis heute – wenn auch ohne Grenadiere, königliche Kutschen und derart preiswertes Eis – zu beobachtende Szenerie um 1900 beschreibt ein gutes halbes Jahrhundert später der Schriftsteller Erich Kästner in seinem Buch „Als ich ein kleiner Junge war" (1957). 1899 in der Königsbrücker Straße als Sohn eines Sattlers geboren, verbrachte er dort Kindheit und Jugend. 1919 zog Kästner zum Studium nach Leipzig, lebte später in Berlin und München, wo er 1974 verstarb. Dabei ließ er nie den Kontakt nach Dresden, vor allem zu „Muttchen" Ida Kästner abreißen. Das Buch gilt als Versuch, den „Zauber der Kindheit" mit künstlerischer Freiheit einzufangen. Es ist aber auch ein literarisches Denkmal für das Dresden des frühen 20. Jahrhunderts. Die Welt der Arbeiter und Kleinbürger in der Neustadt wird ebenso lebendig wie die von kulturellem Spätglanz umstrahlte Residenz. Eine der zentralen Figuren ist Onkel Franz Augustin. Durch Pferdehandel reich geworden, gehörte ihm die Villa am Albertplatz, wo Emil gerne zu Gast war. Das Ende dieser biographischen Etappe datiert auf 1914 – mit dem beginnenden Weltkrieg enden Kästners Kindheit und das Buch.

Obwohl ein facettenreicher Autor, ist Erich Kästner in erster Linie durch seine Kinderbücher in die Literaturgeschichte eingegangen. Mit „Emil und die Detektive" (1929), „Pünktchen und Anton" (1931), „Das fliegende Klassenzimmer" (1933) und „Das doppelte Lottchen" (1949) schuf er mehrfach verfilmte Klassiker. Zugleich gilt Kästner als Autor mit „komplizierten Brüchen", der sich mit Blick auf die Zeit des Nationalsozialismus nicht in die gängigen Schubladen einsortieren lässt. Ohne Zweifel stand er den Nationalsozialisten sehr reserviert gegenüber, die am 10. Mai 1933 auch seine Bücher verbrannten. Dennoch ging er nicht wie viele andere ins Exil, machte Kompromisse und konnte eingeschränkt weiterarbeiten. Das Ansehen des nach 1945 mit vielen Preisen geehrten Schriftstellers wurde dadurch nicht geschmälert. Zumal in Dresden gedenkt man seiner mit viel Dankbarkeit. Das Geburtshaus in der Königsbrücker Straße 66 ziert eine Gedenktafel, Straße und Schule sind nach ihm benannt, seine Bücher gehören zum touristischen Muss. Der wichtigste Erinnerungsort freilich ist die „Villa Augustin" mit dem Jungen auf der Mauer. Sie fungiert auch dank breiter Unterstützung aus der Bürgerschaft seit 2000 als Erich Kästner Museum und Begegnungsstätte für Literatur.

Kästner als kleiner Junge auf der Mauer vor dem Erich Kästner Museum, Bronzeplastik von Mátyás Varga (1999).

47 „Na da macht eiern Drägg alleene.“ Die Novemberrevolution 1918

Der Erste Weltkrieg mündete 1918 in die Novemberrevolution. Mit ihr ging auch die jahrhundertelange Herrschaft der Wettiner in ihrer Residenz Dresden zu Ende. Das „Zeitalter der Extreme“ hatte damit aber erst begonnen.

Der Ausbruch des Ersten Weltkrieges 1914 erzeugte eine Welle der nationalen Begeisterung. Die lange Dauer des Krieges, die Opfer an den Fronten sowie durch Hunger und Krankheiten in der Heimat führten jedoch zu wachsender Kriegsmüdigkeit. Dies mündete mit Offenbarwerden der deutschen Niederlage in die Novemberrevolution mit der Abdankung des Kaisers, der Ausrufung der Republik am 9. November 1918 sowie der Regierungsübernahme durch die SPD unter Parteichef Friedrich Ebert. Jene umwälzenden Ereignisse strahlten auch auf Sachsen aus. Schon seit Anfang November war es zu Unruhen und zur Bildung von Arbeiter- und Soldatenräten gekommen. Der durchaus populäre, volksnahe König Friedrich August III., der mit für einen unblutigen Verlauf der Revolution sorgte, soll am 13. November mit den vielzitierten, aber nicht sicher verbürgten Worten abgedankt haben, „dann macht doch euren Dreck alleene“. Zu diesem Zeitpunkt befand er sich bereits auf der Flucht außer Landes, während über dem Dresdner Residenzschloss die rote Fahne wehte.

Damit endete die jahrhundertelange Herrschaft der Wettiner ebenso wie die der preußisch-deutschen Hohenzollern und der anderen Reichsfürsten. Bei allen bleibenden Verdiensten besonders im kulturellen Bereich schienen sich die Monarchien doch überlebt zu haben. Der Schriftsteller Ludwig Renn, als gebürtiger Arnold Vieth von Golßenau vor dem Krieg Offizier in der Dresdner Garnison, beschreibt in seinem Roman „Adel im Untergang“ (1944) die spätfeudale Herrschaftskaste um den Königshof, die zusammen mit der Bourgeoisie die Gesellschaft beherrschte. Trotz solcher Anachronismen und Ungerechtigkeiten besaß die Kombination aus pompöser Monarchie und modernem Industrieland gerade in der Haupt- und Residenzstadt Dresden durchaus Akzeptanz. Das Königreich Sachsen kam erst 1918 in einer akuten Krisensituation mit dem Kaiserreich zu Fall.

So fand das „lange 19. Jahrhundert“ in einer tiefen Zäsur der Stadtgeschichte sein Ende. Keineswegs alle Dresdner begrüßten diese Entwicklung. Vor allem im Bürgertum der verwaisten Residenz trauerte so mancher der „guten alten Zeit“ nach und entwickelte wenig Vertrauen in die krisengeschüttelte Weimarer Republik. Dabei besaß der Freistaat Sachsen relativ stabile Regierungen. 1918 übernahmen zunächst sechs „Volksbeauftragte“ aus den Arbeiter- und Soldatenräten in Dresden die Regierung. Von 1919 bis 1929 folgten meist SPD-geführte Kabinette und ab 1929 bürgerliche „Experten-Regierungen“.

König Friedrich August III. (1916).

Auch das Leben in der Landeshauptstadt beruhigte sich, die Wirtschaft kam wieder auf die Beine und den Menschen ging es besser. Die Oberbürgermeister Bernhard Blüher (1915–1930) und Wilhelm Külz (1931–1933) verkörperten bei allem Wandel die Kontinuität bürgerlich-liberaler Stadtentwicklung. Noch ahnte keiner, dass das „Zeitalter der Extreme" gerade erst begonnen hatte.

Die kurze Erholungsphase der „Goldenen Zwanziger" endete jedoch mit der 1929 dramatisch hereinbrechenden Weltwirtschaftskrise. Massenarbeitslosigkeit und politische Radikalisierung erfassten auch Dresden. Nach der „Machtergreifung" der Nationalsozialisten unter Adolf Hitler 1933 begann sich Sachsen unter dem berüchtigten Gauleiter Martin Mutschmann zur braunen Diktatur zu wandeln. Er wollte seine Gauhauptstadt unter anderem durch ein gigantisches „Gauforum" vor dem Hygiene-Museum als regionale Machtzentrale profilieren, was durch den Kriegsausbruch 1939 verhindert wurde. Die verbrecherische NS-Diktatur und der von ihr entfesselte Zweite Weltkrieg sollten schließlich mit den verheerenden Luftangriffen vom Februar 1945 dem glanzvollen Elbflorenz zum Verhängnis werden.

48 Vom DSC zur SGD
Die Fußballstadt Dresden

Dresden gehört zu den traditionsreichsten Orten des deutschen Fußballs. Mit dem Dresdner SC stellte es mehrfach den Deutschen Meister und Pokalsieger, in der DDR-Zeit verkörperte Dynamo Dresden internationales Spitzenniveau.

Dresden darf sich auch eine Fußballstadt von Rang nennen. Besonders die Frühzeit der aus England importierten beliebten Sportart wurde von seinen Kickern mitgeprägt. Zwar hieß der erste Deutsche Meister 1903 VfB Leipzig, der lange eine nationale Spitzenposition einnahm, später ging diese führende Rolle jedoch an den 1898 gegründeten Dresdner Sport-Club über. Der DSC konnte auf die Tradition von Vorläufern bis 1843 zurückblicken, die schon seit den 1870er-Jahren auch Fußball spielten. Im heimischen Heinz-Steyer-Stadion im Ostragehege feierte der Club vor bis zu 60.000 Zuschauern große Erfolge. Die legendäre Mannschaft um den späteren Bundestrainer Helmut Schön wurde 1940 Vizemeister, holte 1940 und 1941 den Pokal. 1943 und 1944 konnte sie die letzten gesamtdeutschen Meistertitel erringen.

Nach 1945 wurde der Fußball in die neuen Strukturen der SBZ und DDR überführt. Aus „bürgerlichen" Vereinen entstanden staatlich gelenkte Clubs und Betriebssportgemeinschaften (BSG). Aus dem DSC ging über mehrere Zwischenschritte 1953 die von der Volkspolizei getragene Sportgemeinschaft Dynamo Dresden hervor. Ihre Heimstatt wurde das 1923 eingeweihte Rudolf-Harbig-Stadion, benannt nach einem erfolgreichen DSC-Leichtathleten. Die SGD feierte schon in ihrem Gründungsjahr den ersten DDR-Meistertitel, dem sieben weitere 1971/73/76/77/78/89/90 folgten. Hinzu kamen sieben FDGB-Pokalsiege. Die Mannschaft in Schwarz-Gelb brachte große Namen hervor vom „Dynamo-Kreisel" der 1970er-Jahre um „Hansi" Kreische, „Dixi" Dörner und Reinhard Häfner bis hin zu Spielern wie Matthias Sammer und Ulf Kirsten, die nach 1990 ihre Karriere im Westen fortsetzten.

Dynamo gehörte in den „goldenen Siebzigern" zur internationalen Spitze. In die Fußballgeschichte eingegangen sind die packenden Duelle mit Bayern München im Europapokal der Landesmeister 1973. Nachdem Dynamo in der ersten Runde Juventus Turin aus dem Rennen geworfen hatte, musste es sich nach Spielen auf Augenhöhe mit 3:4 in München und 3:3 in Dresden gegen den westdeutschen Rekordmeister mit „Kaiser" Franz Beckenbauer nur knapp geschlagen geben. In den 1980er-Jahren fungierte Dynamo neben Lok Leipzig als härtester Gegenspieler des verhassten „Stasi-Clubs" BFC Dynamo aus Ostberlin, der von 1979 bis 1988 zehnmal DDR-Meister wurde. Während der von Erich Mielke geförderte BFC international meist enttäuschte, gelangen den Dresdnern in ihren 98 Europapokalspielen weiter beachtliche Ergebnisse bis hin zum Halbfinale des UEFA-Pokals 1989.

Dynamo ist in Dresden allgegenwärtig.

Nach der Wiedervereinigung 1990 teilte die SGD, vorübergehend als 1. FC Dynamo firmierend, das Schicksal des gesamten Ostfußballs. Ins kalte Wasser der Marktwirtschaft geworfen, hatten die meisten Vereine gegen die Profis aus dem Westen keine Chance. Der DFB räumte ihnen zudem nur einen geringen Stellenwert ein. Zwar durfte Dynamo Dresden neben dem letzten Oberliga-Meister Hansa Rostock 1991 in die gesamtdeutsche Bundesliga aufsteigen und konnte dort auch zunächst die Klasse halten. Nach dem wirtschaftlichen Zwangsabstieg 1995 begann jedoch eine bis heute anhaltende Berg- und Talfahrt zwischen 2. und 4. Liga. Zeitweise wurde Dynamo sogar vom 1990 wiedergegründeten DSC überholt, der von 1998 bis 2003 in der 3. Liga spielte. Viele Fußballfans auch jenseits von Dresden sind aber der Meinung, dass Dynamo als einer der populärsten Traditionsclubs des Ostens in die Bundesliga gehört. Der Verein verfügt mit dem 2009 zur modernen Arena für 30.000 Zuschauer ausgebauten Rudolf-Harbig-Stadion und seinen vielen treuen Anhängern auf jeden Fall über die Voraussetzungen hierfür.

49 Der Erfinder vom Weißen Hirsch
Manfred von Ardenne

Manfred von Ardenne war einer der erfolgreichsten Naturwissenschaftler und Erfinder des 20. Jahrhunderts. Sein privates Forschungsinstitut auf dem Weißen Hirsch hat in der DDR mit zum Mythos des Villenviertels beigetragen.

Private Forschungseinrichtungen gab es in der DDR eigentlich nicht. Die Welt der Wissenschaft und angewandten Forschung war wie vieles andere im Sozialismus Domäne des Staates, der von der Staatspartei SED gelenkt wurde. Es gab jedoch eine deshalb umso bemerkenswertere Ausnahme – das von 1955 bis 1990 bestehende Forschungsinstitut Manfred von Ardenne. Obwohl verwaltungstechnisch dem Ortsteil Oberloschwitz zugehörig, wird es gemeinhin dem bildungsbürgerlich geprägten Villenviertel Weißer Hirsch zugerechnet, zu dessen Mythos es wesentlich beigetragen hat. Manfred Baron von Ardenne gehörte zu den renommiertesten deutschen Naturwissenschaftlern des 20. Jahrhunderts. Er war als Forscher vor allem in der angewandten Physik tätig und ist Urheber von rund 600 Erfindungen und Patenten in der Funk- und Fernsehtechnik, Elektronenmikroskopie, Kern-, Plasma- und Medizintechnik. Nach 1945 entschied sich der „rote Baron“ für den sozialistischen Teilstaat, in dem der distinguierte adlige Forscher mit seinem privaten Institut eine geheimnisumwitterte Sonderrolle spielte.

Manfred von Ardenne wurde 1907 in Hamburg als Spross einer Adelsfamilie geboren. Sein Vater war Regierungsrat, seine Mutter entstammte einer alteingesessenen hanseatischen Patrizierfamilie. 1913 zog die Familie nach Berlin, wo Ardenne zunächst weiterhin das Gymnasium besuchte. Allerdings verließ er 1923 vorzeitig die Schule und brach auch ein späteres Studium ab. Der Aufstieg zum Forscher von Weltformat erfolgte so ohne formale Bildungsabschlüsse, sondern verdankte sich allein Intellekt und Energie. In seinem 1928 in Berlin gegründeten ersten Institut trug Ardenne wesentlich zur technischen Durchsetzung von Rundfunk und Fernsehen bei. Die erste öffentliche Vorführung auf der Funkausstellung in Berlin 1931 gilt als Weltpremiere des elektronischen Fernsehens und machte ihn international bekannt. Zugleich entwickelte er die leistungsfähigsten Elektronenmikroskope seiner Zeit und gilt als Erfinder des Rasterelektronenmikroskops. In der Zeit des Nationalsozialismus forschte Ardenne auf dem Gebiet der Nuklearphysik. Nach Kriegsende 1945 war er bis 1954 mit seinem nach Suchumi am Schwarzen Meer verlegten Institut maßgeblich an der Entwicklung des sowjetischen Atomprogramms beteiligt.

Aus der Sowjetunion zurückgekehrt, kam es 1955 zur Gründung des Ardenne-Instituts in Dresden. Der Schwerpunkt lag jetzt auf wirtschaftsnaher Forschung und neuen medizintechnischen Methoden, wie der Sauerstoff-Mehrschritt-Therapie

Manfred von Ardenne 1988 in seinem Arbeitszimmer auf dem Weißen Hirsch.

und der systemischen Krebs-Mehrschritt-Therapie. Das bis zu 500 Mitarbeiter zählende Institut an der Plattleite, auf dessen Gelände sich auch Ardennes Villa samt Sternwarte befand, prägte fortan mit das Leben auf dem Weißen Hirsch. Der international anerkannte Forscher und Dresdner Ehrenbürger wurde von der Partei- und Staatsführung hofiert, bekam zahllose Auszeichnungen, lehrte an der TU Dresden als Professor für elektronische Sonderprobleme und saß als Parteiloser in der DDR-Volkskammer. Nach 1990 wurde das Ardenne-Institut in das Fraunhofer-Institut für Elektronenstrahl- und Plasmatechnik, die Von Ardenne GmbH und das Von Ardenne Institut für Angewandte Medizinische Forschung aufgeteilt. Seine letzte Ruhe fand Manfred von Ardenne 1997 auf dem Waldfriedhof Weißer Hirsch. Uwe Tellkamp setzte ihm in seinem Roman „Der Turm" (2008) mit der Figur des Barons von Arbogast ein literarisches Denkmal.

50 Der Traum vom Fliegen
Dresden und die 152

In den 1950er-Jahren träumte die DDR von einer Flugzeugindustrie. In Dresden entwickelte man das erste deutsche Passagierdüsenflugzeug 152. Nach der verweigerten Abnahme durch die Sowjetunion wurde das Programm 1961 eingestellt.

In den 1950er-Jahren träumte die DDR-Führung unter SED-Parteichef Walter Ulbricht von einer eigenen Flugzeugindustrie auf dem vielbeschworenen „Weltniveau". Nicht die einstige Junkers-Stadt Dessau, sondern Dresden sollte hierzu als Vorzeigestandort ausgebaut werden. Die vormalige Landeshauptstadt des Pionierlandes von Eisenbahn und Automobil schickte sich an, beim Flugzeug eine Vorreiterrolle zu spielen. Eine Gruppe von ehemaligen Junkers-Ingenieuren um Chefkonstrukteur Brunolf Baade, die nach dem Krieg in die Sowjetunion zwangsrekrutiert worden waren, begann 1954 mit der Entwicklung des ersten deutschen Passagierstrahlflugzeugs, das die Bezeichnung Typ 152 oder kurz 152 bekam. Entwickelt und hergestellt wurde das moderne Düsenflugzeug im VEB Flugzeugwerke Dresden auf dem Gelände des in der NS-Zeit entstandenen Flughafens Dresden-Klotzsche.

Begleitet von großer Aufbruchstimmung in der Stadt schien das ehrgeizige Vorhaben trotz aller Probleme der DDR-Mangelwirtschaft zunächst gut voranzukommen. Dann jedoch machte sich der Zeitdruck bemerkbar. Die propagandistisch groß aufgezogene Präsentation am 30. April 1958 in Anwesenheit von Walter Ulbricht musste als improvisiertes „Rollout" der noch unfertigen Maschine ohne Triebwerke durchgeführt werden. Nach einem ersten Testflug des Prototyps im Dezember 1958 sollte die erste gebaute Maschine am 4. März 1959 als Attraktion der Leipziger Messe bei einem Überflug von Walter Ulbricht dem sowjetischen Parteichef Nikita Chruschtschow und der staunenden Weltöffentlichkeit präsentiert werden. Doch dazu kam es nicht. Baade hatte für Filmaufnahmen, die er in Leipzig zeigen wollte, einen riskanten niedrigen Vorbeiflug der 152 in Klotzsche festgelegt. Knapp sechs Kilometer vor der Landebahn kam es jedoch bei Ottendorf-Okrilla zum Absturz, bei dem die vier Besatzungsmitglieder um Kapitän Willi Lehmann den Tod fanden.

Trotz dieses tragischen Unglücks ging die Entwicklung weiter. Mehrere Testflüge verliefen danach erfolgreich und die Hoffnung lebte wieder auf. Allerdings geriet das Projekt zunehmend zeitlich ins Hintertreffen und drohte bis zur Serienreife nicht mehr den neuesten Stand der Technik darzustellen. Neben den technischen Problemen war für das Scheitern die Haltung der Sowjetunion maßgeblich. Diese hatte ursprünglich erklärt, 100 Stück anzukaufen. Der Bedarf der Deutschen Lufthansa der DDR, der späteren Interflug, und die unsicheren Aussichten auf dem Weltmarkt waren keine ökonomische Basis. Als die Sowjetunion zugunsten

Modell der 152/II von 1958 im Maßstab 1:10 im Verkehrsmuseum Dresden.

ihrer eigenen Flugzeugindustrie den Kauf der 152 absagte, fasste die SED-Führung am 28. Februar 1961 den Beschluss zur Einstellung des Flugzeugbaus, in den rund zwei Milliarden DDR-Mark investiert worden waren.

Der Traum vom Fliegen im eigenen modernen Düsenflugzeug war damit in der DDR ausgeträumt, was vor allem die Mitarbeiter in Dresden hart traf. Allerdings war deren hohe Fachkompetenz weiterhin in der VEB Flugzeugwerft Dresden bei der Reparatur und Wartung der Interflug-Linienflugzeuge sowie von Kampfjets und Hubschraubern der NVA-Luftstreitkräfte und anderer Staaten des Warschauer Paktes gefragt. Darüber hinaus konnte die 1969 im Kombinat Robotron zusammengefasste Elektronikindustrie auf dieses große Potenzial zurückgreifen. Die einstige VEB Flugzeugwerft beherbergt heute die Elbe Flugzeugwerke in Nachbarschaft des nach 1990 ebenfalls umfassend modernisierten Flughafens Dresden. Die tragische Geschichte der 152 wird im Verkehrsmuseum Dresden umfassend und anschaulich dokumentiert.

51 Stadtbild im Wandel
Das sozialistische Dresden

Das Stadtbild des zerstörten Dresdens wandelte sich nach 1945 nachhaltig durch den sozialistischen Wiederaufbau. Die DDR-Bezirksstadt erhielt dabei auch neue urbane Fixpunkte, wie Kulturpalast, Fernsehturm und Prager Straße.

Mit der Kapitulation des Deutschen Reiches am 8. Mai 1945 endete der Zweite Weltkrieg in Europa. Am Tag zuvor war die Rote Armee nach der Überwindung letzten Widerstands von SS und Volkssturm in das zerstörte Dresden einmarschiert. Deutschland wurde in vier Besatzungszonen geteilt, wobei Sachsen fortan zur Sowjetischen Besatzungszone und seit 1949 zur Deutschen Demokratischen Republik (DDR) gehörte. Diese wandelte sich schrittweise zum Satellitenstaat der Sowjetunion unter Führung der Sozialistischen Einheitspartei Deutschlands (SED), 1946 aus der Zwangsvereinigung von SPD und KPD hervorgegangen. Dresden fungierte zunächst weiter als Landeshauptstadt, ehe Sachsen 1952 in die Bezirke Dresden, Leipzig und Chemnitz/Karl-Marx-Stadt aufgeteilt wurde. Die SED-Bezirksleitung im heutigen Landtagsaltbau an der Devrientstraße wurde zum regionalen Machtzentrum. Auch die Oberbürgermeister und maßgeblichen Funktionäre im Rathaus wurden von 1946 bis 1990 durch die SED gestellt.

Die größte Herausforderung nach 1945 war der Wiederaufbau der Stadt. Dieser wurde von der SED-Führung besonders unter Oberbürgermeister Walter Weidauer (1946–1958) als Neuaufbau im Sinne des Sozialismus und nicht als Rekonstruktion der „reaktionären" Residenzstadt verstanden. Hierbei gingen weite Teile der historischen Strukturen verloren. Nur wenige wertvolle Baudenkmale wie Zwinger (1956), Hofkirche (1962) und Semperoper (1985) erlebten ihre Rekonstruktion. Bei der Wiedereinweihung der Semperoper mit Carl Maria von Webers „Der Freischütz" am 13. Februar 1985 verkündete SED-Generalsekretär Erich Honecker auch den Wiederaufbau des Schlosses, während die Ruine der Frauenkirche als Mahnmal gegen den Krieg galt. Einige Baudenkmale wurden trotz erhaltenswerter Substanz und heftiger Proteste beseitigt. So erging es 1963 der Sophienkirche, der einzigen im Kern erhaltenen gotischen Kirche der Stadt. Hieran erinnert heute die Gedenkstätte Busmannkapelle. Weite Teile der Innenstadt wurden nach flächendeckender Enttrümmerung mit aufgelockerten Wohngebieten versehen oder blieben unbebaut, breite Achsen durchbrachen das einst engmaschige Straßenraster.

Symbole des neuen Gestaltungswillens mit sich mehrfach wandelndem Architekturgeschmack waren vor allem der an den Dresdner Barock angelehnte Altmarkt (1956), der dortige moderne Kulturpalast (1969) und die Prager Straße als erste Fußgängerzone der DDR (1965–1978) mit Plattenbau-Wohnhäusern, Interhotels, Centrum Warenhaus und Rundkino. Manches hiervon

Der Kulturpalast steht für den Wiederaufbau in der DDR-Zeit.

wurde von den Dresdnern durchaus positiv aufgenommen, wie der als „Kulti" beliebte Kulturpalast, der heute als modernes Konzerthaus mit vielfältigen kulturellen Nutzungen dient. Ein weiteres Wahrzeichen und Ausflugsziel im „neuen Dresden" wurde der 252 Meter hohe Fernsehturm (1969) in Wachwitz. Freilich war im häufig als „Tal der Ahnungslosen" oder „ARD" („Außer Raum Dresden") verspotteten Elbkessel kaum Empfang von West-Fernsehen möglich. Dem stand eine ausgeprägte bildungsbürgerliche Identität und lebendige Kulturszene gegenüber.

Das Weichbild des einstigen barocken Elbflorenz hat sich in der DDR-Zeit auch jenseits der Innenstadt nachhaltig gewandelt. Nach dem von der Sowjetarmee niedergeschlagenen Volksaufstand vom 17. Juni 1953 und dem Bau der Berliner Mauer 1961 mit dem Ende der Massenabwanderung in den Westen zielte die SED durch die proklamierte „Einheit von Wirtschafts- und Sozialpolitik" auf eine zufriedenere Bevölkerung. Insbesondere sollte das drängende Wohnungsproblem seit den 1970er-Jahren durch riesige Plattenbaugebiete an der Peripherie gelöst werden. Unter Regie des VEB Wohnungsbaukombinat Dresden entstanden für zehntausende Bewohner Siedlungen in Betonfertigteilbauweise, die größten in Prohlis und Gorbitz, aber auch zum Wiederaufbau historischer Stadtteile wie der Johannstadt.

52 Keine Gewalt! Friedliche Revolution 1989

Die Krisenstimmung der späten DDR entlud sich in der Friedlichen Revolution 1989. Nach gewaltsamen Übergriffen der Polizei vom 3. bis 8. Oktober nahm die Entwicklung auch in der Bezirksstadt Dresden einen friedlichen Verlauf.

In den 1980er-Jahren lag über der DDR eine bleierne Atmosphäre der Stagnation. Uwe Tellkamp hat dies in seinem Gesellschaftsroman „Der Turm" (2008) aus der Perspektive des Dresdner Kulturbürgertums auf dem Weißen Hirsch plastisch beschrieben. Die SED behauptete in der Bezirksstadt wie überall im Lande unbeirrt von Reformen in der Sowjetunion unter Michail Gorbatschow ihren politischen Führungsanspruch und ging gegen Regimekritiker unnachgiebig vor. Kulturelle Vielfalt wurde unterdrückt, Wirtschaft und Umwelt befanden sich in einem teils katastrophalen Zustand, Innenstädte zerfielen, der Sozialstaat hatte die Finanzen ausgehöhlt. Überall begann sich Protest zu regen, erstmals anlässlich der gefälschten Kommunalwahlen vom 7. Mai 1989. Die Wandlungen im Ostblock, die Fluchtwelle über Ungarn und die BRD-Botschaften sowie erste Spannungen rund um den 40. „Republikgeburtstag" am 7. Oktober erzeugten eine Krisenstimmung, auf die die SED-Führung unter Generalsekretär Erich Honecker hilflos reagierte. All dies führte zur Entstehung einer breitgefächerten Bürgerbewegung. Selbst die regimenahen „Blockparteien" CDU und LDPD begannen sich von der SED zu lösen. Zu den Akteuren des Wende-Herbstes 1989 zählten nicht zuletzt als traditioneller gesellschaftlicher Gegenpol die Kirchen, die vor allem mit ihren Vertretern an der Basis eine wichtige Rolle übernahmen.

Lange versuchte das Ministerium für Staatssicherheit (MfS) mit seiner über 3.500 Mitarbeiter zählenden Bezirksverwaltung die Macht der Partei zu erhalten. Über Jahrzehnte hatte das von der Stasi erzeugte Klima von Angst und Verunsicherung hierzu maßgeblich beigetragen. Heute befindet sich in der ehemaligen MfS-Untersuchungshaftanstalt in der Bautzener Straße, von der aus der Weg für viele tatsächlich nach Bautzen in das berüchtigte Gefängnis geführt hatte, eine Gedenkstätte. Dennoch gehörte Dresden bald zu den Zentren der Friedlichen Revolution, die hier freilich besonders gewalttätig begann. Einer der bewegendsten Momente, die Verkündung der Ausreise für die Botschaftsflüchtlinge in Prag durch Bundesaußenminister Hans-Dietrich Genscher am 30. September, spitzte die Situation zu. In der Nacht vom 3. zum 4. Oktober kam es am Hauptbahnhof zu heftigen Auseinandersetzungen zwischen Volkspolizei und mehreren Tausend Demonstranten, die von der Durchleitung von Zügen aus Prag in die Bundesrepublik erfahren hatten. Ein brutaler Polizeieinsatz und Hunderte Festnahmen waren über Tage hinweg die Folge. Eine weitere blutige Eskalation konnte während der

Eine Inschrift auf dem Pflaster der Prager Straße erinnert an die wegweisende Demonstration vom 8. Oktober 1989.

Demonstration am 8. Oktober auf der Prager Straße verhindert werden. Die spontan gebildete „Gruppe der 20“ um Demonstranten wie den katholischen Kaplan Frank Richter und den evangelischen Diakon Dieter Brandes vereinbarte einen Dialog mit Oberbürgermeister Wolfgang Berghofer (SED). Nun war die Entwicklung nicht mehr aufzuhalten, zumal fortan auf Veranlassung von SED-Bezirkssekretär Hans Modrow die Sicherheitskräfte den Rufen „Keine Gewalt!“ weitgehend folgten.

Am 18. Oktober trat Erich Honecker als Parteichef zurück. Die Partei verlor viele Machtpositionen bis hin zur Besetzung der Stasi-Bezirksverwaltung am 5. Dezember. Der Berliner Mauerfall vom 9. November 1989 schließlich symbolisiert den Umbruch hin zur deutschen Wiedervereinigung, von „Wir sind das Volk!“ zu „Wir sind ein Volk!“. Deutlich zeigte dies der umjubelte Auftritt von Bundeskanzler Helmut Kohl (CDU) in einem Meer von schwarz-rot-goldenen Fahnen auf dem Dresdner Neumarkt beim Treffen mit dem DDR-Ministerpräsidenten Modrow am 19. Dezember 1989. Die Volkskammerwahl am 18. März 1990 brachte einen deutlichen Sieg der „Allianz für Deutschland“ aus CDU, DSU und Demokratischem Aufbruch. Nun steuerte die letzte DDR-Regierung unter Lothar de Maizière (CDU) Richtung schnelle Einheit. Das Wahlergebnis hatte viele überrascht, wobei besonders das schlechte Abschneiden der SPD in ihrer einstigen Hochburg Sachsen aufhorchen ließ. Auch in Dresden dominierte die Allianz mit absoluter Mehrheit von 54 Prozent. Mit der Wiedervereinigung am 3. Oktober 1990 trat aus den Bezirken Dresden, Leipzig und Karl-Marx-Stadt/Chemnitz der Freistaat Sachsen als deutsches Bundesland mit der Landeshauptstadt Dresden ins Leben.

53 Renaissance des Elbflorenz
Rekonstruktion der Altstadt nach 1989

Das 1945 weitgehend zerstörte Elbflorenz erlebte nach 1989 eine einzigartige Renaissance. Heraus ragt das Quartier um Residenzschloss und Frauenkirche. Viele weitere Baudenkmale wurden gerettet und in Neues eingebettet.

Wer durch die Dresdner City um Schloss und Frauenkirche spaziert, kann sich kaum vorstellen, dass die meisten der barock anmutenden Gebäude noch vor weniger als drei Jahrzehnten nicht oder nur als Ruine existierten. Der Zustand vom Februar 1945 gar dürfte die Vorstellungskraft heutiger Zeitgenossen übersteigen. Umso überwältigender ist das Panoramagemälde „Dresden 1945“ von Yadegar Asisi im einstigen Reicker Panometer, das regelmäßig mit einem Panorama „Dresden im Barock“ wechselt. Von einem 15 Meter hohen Besucherpodest aus wird im Maßstab 1:1 ein Rundumblick vom Rathausturm auf die zerstörte Dresdner Innenstadt simuliert. Damit hat die dunkelste Stunde des einst so glanzvollen Elbflorenz eine eindrucksvolle künstlerische Darstellung gefunden.

Der Zweite Weltkrieg hatte für Dresden mit den angloamerikanischen Luftangriffen vom 13. bis 15. Februar 1945 die tiefste Zäsur der Stadtgeschichte gebracht. Die noch nahezu unversehrte Stadt fiel unter Tausenden Bomben und einem mörderischen Feuersturm in Schutt und Asche, schätzungsweise bis zu 25.000 Menschen verloren ihr Leben. Weit über das Zentrum hinaus wurden ganze Stadtteile zerstört, zehnttausende Bewohner waren obdachlos, die Infrastruktur und große Teile der Wirtschaft lagen am Boden. Dresden wurde so zum Synonym für das Grauen des modernen Luftkrieges. Gerhard Hauptmann brachte seinerzeit die Gefühle nicht nur der Dresdner zum Ausdruck: „Wer das Weinen verlernt hat, der lernt es wieder beim Untergang Dresdens.“

Zwar musste auch der gebürtige Elbestädter Erich Kästner feststellen: „Das, was man früher unter Dresden verstand, existiert nicht mehr.“ Allerdings verschwand das Idealbild der unzerstörten Stadt nie aus der kollektiven Erinnerung ihrer Bewohner. Hierzu beigetragen haben engagierte Denkmalpfleger wie Fritz Löffler, Autor des 1955 erstmals erschienenen Klassikers „Das alte Dresden“, die sich gegen den rigorosen DDR-Stadtumbau stemmten. Sie legten die Basis für die einzigartige Renaissance des barocken Elbflorenz nach 1989. Heraus ragen dabei zwei Baudenkmale, die Frauenkirche und das Residenzschloss. 1945 zerstört, hat man sie unter großer internationaler Anteilnahme originalgetreu wiedererstehen lassen. Die Frauenkirche gilt als älteste Kirche der Stadt. Ihre heutige Form erhielt sie von 1726 bis 1743 durch Baumeister George Bähr. Als einer der bedeutendsten evangelischen Sakralbauten Europas steht sie wieder in der imposanten Kulisse des Augusteischen Zeitalters der katholischen Hofkirche gegenüber. Die Trümmer des emotional tief verwurzelten

Die Frauenkirche im rekonstruierten Neumarkt-Viertel.

Wahrzeichens waren in der DDR-Zeit zum Mahnmal erklärt worden. Nach 1989 kam es dank bürgerschaftlichem Engagements zur Wiedererrichtung. Auch mithilfe weltweiter Spenden konnte das Gotteshaus 2005 geweiht werden.

Der 1985 begonnene und nach 1990 beschleunigt vorangetriebene Wiederaufbau des Residenzschlosses hat der Stadt über das prunkvolle Baudenkmal der sächsischen Kurfürsten und Könige hinaus eines der bedeutendsten Museen weltweit zurückgegeben. Die Staatlichen Kunstsammlungen Dresden präsentieren dort das Historische und Neue Grüne Gewölbe, das Kupferstich-Kabinett, die Rüstkammer, das Münzkabinett und eindrucksvolle Repräsentationsräume. 2013 konnte die Schlosskapelle aus der Zeit eines Heinrich Schütz mit ihrem kunstvollen Schlingrippengewölbe als Veranstaltungsraum eingeweiht werden. Schloss und Frauenkirche sind gemeinsam mit bereits in der DDR-Zeit rekonstruierten Baudenkmalen wie Zwinger, Hofkirche und Semperoper freilich nur die Highlights. So wurde das komplette Neumarkt-Viertel rund um die Frauenkirche wiedererrichtet. Zahlreiche weitere historische Gebäude geben zusammen mit viel Neuem der Dresdner Innenstadt wieder ein urbanes Gepräge.

54 Historisches Gedächtnis
Das Stadtmuseum Dresden

Für die dynamische Großstadt spielt die Vergangenheit als Residenz und Kulturmetropole eine wichtige Rolle. Die Stadtgeschichte im engeren Sinne wird im Stadtmuseum im einstigen Landhaus umfassend lebendig.

Dresden zählt heute zu den wenigen dynamischen Großstädten im Osten Deutschlands. 1990 in seine alte Rolle als Landeshauptstadt zurückgekehrt, hat es sich wieder zum politisch-administrativen Zentrum Sachsens entwickelt. Der wirtschaftliche Umbau nach dem Zusammenbruch der Planwirtschaft darf bei allen schmerzlichen Verlusten als gelungen gelten. Neue Impulsgeber sind das MDR-Landesfunkhaus und private Medien. Der Ausbau der Autobahnen A 4 und A 13, die neue A 17 Dresden–Prag, der Ausbau des Eisenbahnknotens und des Flughafens verbesserten die Verkehrsanbindung. Auch die Hochschulen und Forschungsinstitute spielen eine wichtige Rolle, allen voran die Elite-Universität TU Dresden. In ihrer Bedeutung weiter gestiegenen sind zudem im Zuge der Renaissance des glanzvollen Elbflorenz Dienstleistung und Tourismus. So konnte auch der demografische Negativtrend umgekehrt werden. Zählte Dresden 1989 520.000 Einwohner, war deren Zahl auf dem Tiefpunkt 1998 bei 450.000 angekommen. Seither ist die Einwohnerzahl wieder gestiegen, durchbrach im 800. Jubiläumsjahr der Ersterwähnung 2006 erneut die Halbmillionen-Grenze und liegt heute bei 560.000. Dresden rangiert damit an zwölfter Stelle unter den deutschen Großstädten.

Angesichts des steten Wandels bis hin zu den weit in den Lebensalltag der Menschen eingreifenden Veränderungen nach 1989/90 spielt das gewachsene historische Selbstverständnis der Residenz- und Kulturstadt Dresden eine große Rolle. Ihre Geschichte wirkt identitätsstiftend nach innen und profilbildend nach außen. Und sie kann sich wieder an die großen Museen und Galerien, an die Erinnerungsorte von Schloss bis Frauenkirche anlehnen. Es gibt jedoch auch einen Ort, der die Stadtgeschichte im engeren Sinne, die Geschichte des Gemeinwesens und seiner Bürger, umfassend lebendig macht. Das im einstigen Landhaus angesiedelte Stadtmuseum Dresden bildet das Flaggschiff der Museen der Stadt Dresden. Der in Mischung aus Barock, Rokoko und Klassizismus errichtete Prachtbau diente von 1775 bis 1907 als Tagungsort der Landstände bzw. Landtage Sachsens. Nach der Zerstörung im Zweiten Weltkrieg wiederaufgebaut, zog dort 1966 das damalige Institut und Museum für Geschichte der Stadt Dresden ein. Das Stadtmuseum war 1891 als kommunale Gründung für Geschichte und Kunst ins Leben getreten und bis 1966 an verschiedenen Orten untergebracht. Seit seinem 100. Jubiläum 1991 führt es wieder den traditionellen Namen.

Nach umfassender Sanierung konnte pünktlich zum Stadtjubiläum 2006 eine neue, alle Epochen seit den Stadtanfängen umfassende Dauerausstellung eingeweiht werden. Highlights sind moderne museale

Im einstigen Landhaus befindet sich das Stadtmuseum Dresden.

Inszenierungen und große Stadtmodelle, authentische Exponate wie wertvolle Grabbeigaben aus der Sophienkirche, aber auch erschütternde Zeitdokumente vom Februar 1945. Sonderausstellungen, Forschungsprojekte, Kolloquien, der große Fundus und Publikationen wie die Reihe „Dresdner Geschichtsbuch" machen das Museum zu einem lebendigen Ort der Stadtgeschichtspflege. Im Hause hat auch der 1869 gegründete und 1991 wiedergegründete Dresdner Geschichtsverein, Herausgeber der Zeitschrift „Dresdner Hefte", seinen Sitz. 2002 konstituierte sich im Landhaus die Städtische Galerie Dresden, die den umfassenden Kunstbestand übernahm. Aspekten der Stadt(kultur)geschichte widmen sich darüber hinaus die Technischen Sammlungen Dresden, das Kunsthaus Dresden, Leonhardi-Museum, Carl-Maria-von-Weber-Museum, Kraszewski-Museum, Kügelgenhaus – Museum der Dresdner Romantik, Palitzsch-Museum und Schillerhäuschen.

55 Sauerbraten, Eierschecke und Striezel
Kulinarische Highlights

Dresden hält viele kulinarische Highlights bereit. Der Christstollen genießt als Striezel Weltruf, die Eierschecke ist Markenzeichen des sprichwörtlichen „Kaffeesachsen". Zum Sauerbraten genießt man am besten Bier oder Wein aus der Region.

Auch in Lebensmitteln steckt mitunter viel Geschichte. So soll der Dresdner Christstollen seine weltweite Beliebtheit als eines der kulinarischen Highlights aus der sächsischen Landeshauptstadt dem wettinischen Kurfürsten Ernst und seinem herzoglichen Bruder Albrecht verdanken. Der „Stollenkuchen" war ursprünglich ein christliches Fastengebäck. Nur aus Mehl, Hefe, Wasser und Zugaben wie Hafer und Rübenöl hergestellt, dürfte er kein wirklicher Leckerbissen gewesen sein. Der verwöhnte Adel forderte deshalb von seinen Landesherren, diesen unhaltbaren Zustand zu beenden. Tatsächlich ließ Papst Innozenz VIII. den einflussreichen Reichsfürsten 1491 den „Dresdner Butterbrief" zukommen. Nun durfte dem Stollen fette Butter hinzugefügt werden.

Das Gebäck nahm fortan seinen Siegeslauf weit über Sachsen hinaus und verlieh auch dem seit 1434 veranstalteten Dresdner Striezelmarkt, einem der beliebtesten deutschen Weihnachtsmärkte, seinen Namen. Dessen kulinarisches Maskottchen ist seit Langem der beliebte Pflaumentoffel, eine Glück bringende Schornsteinfegerfigur aus getrockneten Pflaumen. Seit 2010 sind *Dresdner Stollen*, *Dresdner Christstollen* und *Dresdner Weihnachtsstollen* eine geschützte geographische Angabe. Der Stollen darf nicht in Formen gebacken werden und muss auf 100 Teile Mehl mindestens 50 Teile Butter, 65 Teile Sultaninen, 20 Teile Orangeat/Zitronat und 15 Teile Mandeln enthalten.

Dresden kann natürlich über das vorweihnachtliche Gebäck hinaus auf jede Menge weitere Kulinaria verweisen. Die sächsische Küche bietet etwa Sauerbraten mit Klößen oder Knödeln, Sächsische Kartoffelsuppe und Quarkkäulchen. Bäckerei und Konditorei halten im sprichwörtlichen Land der „Kaffeesachsen" über den Stollen hinaus die legendäre Dresdner Eierschecke bereit. Sie ist ein dreischichtiger Blechkuchen aus Hefeteig mit einem Belag aus Äpfeln, Quark und Mohn mit Sahne, Ei, Zucker und Mehl zur Bindung. Zu den Liebhabern dieser Spezialität gehörte auch der Dresdner Erich Kästner, der ihr das noch nicht ganz ausgeschöpfte Potenzial zur kulinarischen Weltkultur bescheinigte.

Nicht zuletzt ist Sachsen ein traditionsreiches Bier- und Weinland. Das Bier dominiert hierbei wegen der klimatischen Gegebenheiten. Seit Jahrhunderten ist es ein Lieblingsgetränk der Sachsen einschließlich ihrer Herrscher, wie Kurfürst Johann Georg I. alias „Bierjörgel". Sächsische Marken wie die aus dem benachbarten Radeberg, die gerne mit der Dresdner Semperoper wirbt, genießen große Bekanntheit. Solche Exportbiere galten während der DDR-Zeit als schwer erhältliche „Bückware" und überstanden

Der Christstollen genießt als Striezel Weltruf.

auch die Marktbereinigung nach der deutschen Wiedervereinigung 1990, die so mancher Traditionsbrauerei die Kessel leerte. Dennoch gibt es nach wie vor eine dichte Brauereilandschaft von weiteren Großbrauereien über mittelständische Anbieter bis hin zu den kleinen Craft-Beer-Brauereien und Brauerei-Gaststätten.

Die 1838 gegründete Feldschlösschen AG hält die bedeutende Brauerei-Tradition Dresdens – 1836 war hier mit der „Societätsbrauerei Waldschlösschen“ die erste deutsche Aktienbrauerei entstanden – erfolgreich hoch. Sie kann auf eine lange Geschichte bis 1644 zurückblicken, als besagter Kurfürst Johann Georg I. in der heutigen Südvorstadt einen Bier- und Weinausschank genehmigte. Die Entwicklung über das beliebte Ausflugslokal bis hin zur modernen Brauerei im 19. Jahrhundert ist im historischen „Feldschlösschen-Stammhaus“ in der Budapester Straße erlebbar. Während Feldschlösschen mit seinem 1981 eingeweihten modernen Standort in Dresden-Coschütz zu den Großbrauereien zählt, gehört das Weinanbaugebiet im Raum Dresden zu den kleinsten in Deutschland. Im milden Elbtal rund um Meißen, Radebeul und Pillnitz wird gleichwohl vom Sächsischen Staatsweingut Schloss Wackerbarth sowie von zahlreichen haupt- und nebenberuflichen Winzern so mancher gute Tropfen gekeltert.

Der Autor
Steffen Raßloff

Portrait des Autors.

Dr. Steffen Raßloff (Jg. 1968) wirkt als Historiker und Publizist in Erfurt, besitzt aber auch biografische Wurzeln in Dresden. Er hat zahlreiche Publikationen zur Landesgeschichte veröffentlicht, darunter mehrfach aufgelegte Standardwerke und populärwissenschaftliche Überblicke wie „Mitteldeutsche Geschichte. Sachsen – Sachsen-Anhalt – Thüringen", „Kleine Geschichte Sachsens" und „Kleine Geschichte der Stadt Dresden". 2018 gehörte Raßloff zu den Autoren des Bestsellers „Deutsche Geschichte. Die große Bild-Enzyklopädie" und wurde mehrfach mit Buchpreisen ausgezeichnet. Er arbeitet zugleich als Kurator und Medienexperte, unter anderem für MDR, ARD und ZDF.

Bildnachweis

Shutterstock/katjen: Einband vorne;
Shutterstock/Velishchuk Yevhen: Vorsatz;
Shutterstock/Ugis Riba: S. 2/3;
Alexander Raßloff: S. 4 (links, Mitte), 5 (Mitte, rechts), 7, 17, 21, 31, 35, 37 (mit freundlicher Genehmigung der Staatlichen Schlösser, Burgen und Gärten Sachsen gemeinnützige GmbH), 39, 41, 43, 45, 50, 51 (mit freundlicher Genehmigung der Staatlichen Schlösser, Burgen und Gärten Sachsen gemeinnützige GmbH), 53, 55, 59, 61, 65, 67, 69, 71, 73, 75, 91, 98/99, 109, 111, 113, 115, Einband hinten (links unten);
Von Lysippos - Eigenes Werk, CC BY-SA 3.0, https://commons.wikimedia.org/w/index.php?curid=8319519: S. 9;
By Kay Körner from Dresden Seevorstadt/Großer Garten - Own work, CC BY 2.5, https://commons.wikimedia.org/w/index.php?curid=4047704: S. 10;
Museen der Stadt Dresden, Stadtmuseum Dresden, Inventarnummer SMD 1973/86: S. 13, Einband hinten (links oben);
Museen der Stadt Dresden, Stadtmuseum Dresden, Inventarnummer SMD 1980/713: S. 14;
Von User:Kolossos - own photo, artist Wilhelm Walther (1826-1913), CC BY-SA 3.0, https://commons.wikimedia.org/w/index.php?curid=9796834: S. 18/19;
Von Merian; Photo: H.-P.Haack, Leipzig 20:18, 30. Jun. 2007 (CEST). - Slg. H.-P.Haack, Leipzig, Gemeinfrei, https://commons.wikimedia.org/w/index.php?curid=11735336: S. 4/5, 22/23;
bpk / Staatliche Kunstsammlungen Dresden / Jürgen Karpinski: S. 25;
Matthias Lüttig, Dresden: S. 27;
Von User:Kolossos - own photo, artist Wilhelm Walther (1826-1913), CC BY-SA 3.0, https://commons.wikimedia.org/w/index.php?curid=9796834: S. 29;
Dr. Steffen Raßloff: S. 33;
By User:Kolossos - Own work, CC BY-SA 3.0, https://commons.wikimedia.org/w/index.php?curid=11216734: S. 46/47;
Von User:Kolossos - Eigenes Werk, CC BY-SA 3.0, https://commons.wikimedia.org/w/index.php?curid=3093583: S. 48/49;
By Grunpfnul / Sascha Faber - Own work, CC BY-SA 3.0, https://commons.wikimedia.org/w/index.php?curid=35079681: S. 57;
By Thomas Wolf, www.foto-tw.de - Own work, CC BY-SA 3.0 de, https://commons.wikimedia.org/w/index.php?curid=27758134: S. 63;
By Michael Schmieder - Own work, CC BY 3.0, https://commons.wikimedia.org/w/index.php?curid=46940802: S. 77;
Von User:Kolossos - Eigenes Werk, CC BY 3.0, https://commons.wikimedia.org/w/index.php?curid=8694730: S. 79;
Von © Raimond Spekking / CC BY-SA 4.0 (via Wikimedia Commons), CC BY-SA 4.0, https://commons.wikimedia.org/w/index.php?curid=43519945: S. 80/81, Einband hinten (rechts unten);

Bildnachweis

Pfunds Molkerei Dresden: S. 83;

Lutz Liebing, Straßenbahnmuseum Dresden e.V.: S. 85;

By Je-str - Own work, CC BY-SA 3.0, https://commons.wikimedia.org/w/index.php?curid=49705548: S. 86/87;

Karl-May-Museum Radebeul, Foto: Annett Goraski, Fotostudio Meißner, 2017: S. 89;

TUD, Eckold: S. 93;

Von User:Kolossos - Eigenes Werk, CC BY 3.0, https://commons.wikimedia.org/w/index.php?curid=29391988: S. 94/95;

By SchiDD - Own work, CC BY-SA 3.0, https://commons.wikimedia.org/w/index.php?curid=24475365: S. 67;

Von Klinkhardt & Eyssen, Dresden, Verlag: August Scherl GmbH, Berlin - Diese Datei wurde von diesem Werk abgeleitet: König Friedrich August III. um 1916.jpg: File:König Friedrich August III. um 1916.jpg, Gemeinfrei, https://commons.wikimedia.org/w/index.php?curid=63938194: S. 101;

Von Lupus in Saxonia - Eigenes Werk, CC BY-SA 4.0, https://commons.wikimedia.org/w/index.php?curid=70139899: S. 103;

VON ARDENNE Family Archive: S. 105, Einband hinten (rechts oben);

Verkehrsmuseum Dresden gGmbH: S. 107;

Shutterstock/HT-Pix: S. 117;

Pixabay/pehrlich: S. 121;

Shutterstock/13threephotography: Nachsatz.

Die Bronzefigur der „Bogenschütze" von Bildhauer Ernst Moritz Geyger am Elbufer.

Impressum
Sutton Verlag GmbH
Arnstädter Straße 8
99096 Erfurt
www.suttonverlag.de

ISBN: 978-3-96303-297-4
Druck: Florjančič Tisk d.o.o. / Slowenien
Gestaltung und Herstellung: Sutton Verlag

Buchhinweise

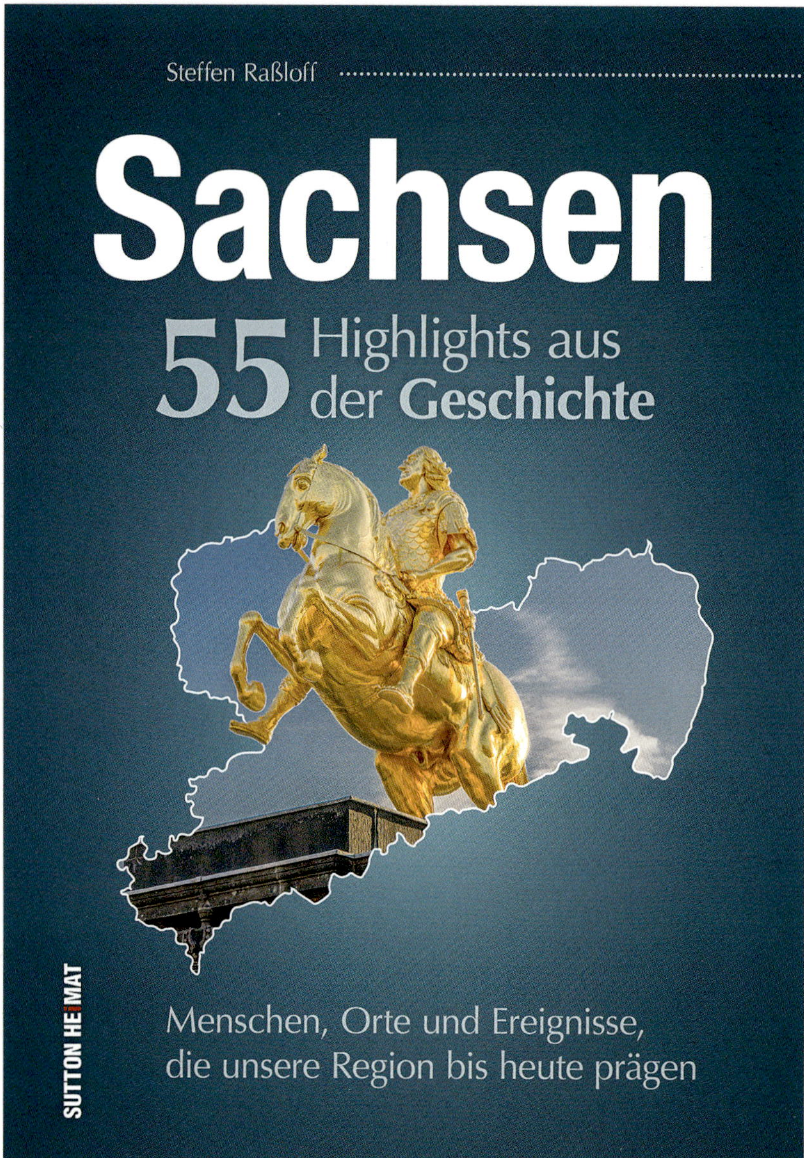

Steffen Raßloff

Sachsen. 55 Highlights aus der Geschichte

Menschen, Orte und Ereignisse, die unsere Region bis heute prägen

19,99 € | ISBN: 978-3-96303-065-9

Una Giesecke

Unnützes Wissen Dresden

Skurrile Fakten zum Angeben

13,99 € | ISBN: 978-3-96303-188-5